Nikolay Tyurin

Aufbau und Zusammenhang der drei Service Level Management Vertragstypen SLA, OLA, UC

igel
Verlag
RWS

Tyurin, Nikolay: Aufbau und Zusammenhang der drei Service Level Management Vertragstypen SLA, OLA, UC, Hamburg, Igel Verlag RWS 2015

Buch-ISBN: 978-3-95485-254-3
PDF-eBook-ISBN: 978-3-95485-754-8
Druck/Herstellung: Igel Verlag RWS, Hamburg, 2015

Bibliografische Information der Deutschen Nationalbibliothek:
Die Deutsche Nationalbibliothek verzeichnet diese Publikation in der Deutschen Nationalbibliografie; detaillierte bibliografische Daten sind im Internet über http://dnb.d-nb.de abrufbar.

© Igel Verlag RWS, Imprint der Diplomica Verlag GmbH
Hermannstal 119k, 22119 Hamburg
http://www.diplomica.de, Hamburg 2015
Printed in Germany

Kurzfassung

Das Highlight dieser Arbeit besteht in dem Vorschlag eines Integrationskonzeptes für die Einführung des Service Level Managements (SLM) in einer ITIL Umgebung. Generell lautet das Ziel: Transparenz und prozessorientierte Gestaltung sowie Wechselwirkungen der SLM Vereinbarungen beherrschen.

Alle hochwirksamen Geschäftsprozesse (GP) zeichnen sich durch eine hohe Datenintegration aus. Nur durch einen IT Einsatz kann diese hochkomplexe Datenintegration effizient bewältigt werden. Spricht man in diesem Kontext über die IT als Support, so wird der serviceorientierte IT Ansatz gerechtfertigt. Die IT versteht es als eine Herausforderung, die komplexen IT Services in einer GP konformer Qualität zu liefern. Eine der zentralen Fragen dabei lautet: Welche Service Qualität gilt als GP konform? Die Beantwortung dieser Frage ist auf den Six Sigma[1] Ansatz zurückzuführen. Dieser Ansatz wurde von dem Prinzip der Normalverteilung nach C. F. Gauß abgeleitet und besagt, dass die Qualitätskosten ab einem bestimmten Grenzwert die Produkterlöse übersteigen können. Somit wird es klar, dass die 100% Qualität in einem gewinnorientierten Geschäft theoretisch unmöglich wäre. Ist die IT Qualität für einen GP erfolgskritisch, so stellt sich folgende Frage: Inwieweit kann ein betroffener GP ein evtl. IT Versagen tolerieren? Entscheidet man sich für einen IT Service mit einer vernünftigen Qualität, dann muss die IT diesen Service genau in diesem angeforderten Umfang liefern. In der Praxis ist dies nicht ganz einfach, da solche Services in der Regel aus mehreren internen und/ oder externen Subservices bestehen können. Das Problem dabei ist, die Serviceanforderungen auf mehrere Subservices wirtschaftlich optimal zu projizieren und für eine ausreichende Qualität eines IT Services sowie seiner Subservices vor dem Kunden verantwortlich zu sein. Dieses Problem kann mit dem SLM gelöst werden. Es regelt die Erstellung von IT Services in angeforderter Qualität in internen und externen IT Umfeldern. Die Erstellung und Lieferung aller IT Services wird in ihren kritischen Aspekten vertraglich geregelt und erfolgt verbindlich und nachweisbar. So werden die IT Service Verträge zu einem der wichtigsten SLM und IT SM Erfolgsfaktoren. Grundsätzlich gibt es drei Vertragstypen: SLA, OLA und UC. Das Kennzeichen eines gelebten SLM Prozesses in IT Service Organisationen ist die aktive Nutzung von den IT Service Verträgen: SLA, OLA, UC.

Diese Arbeit betrachtet den ganzen SLM Prozess der IT Service Erstellung in einer ITIL Umgebung mit besonderem Fokus auf seine vertragliche Regelbasis. Es wird konsequent von den SLM ITIL Grundlagen über den Aufbau und Zusammenhänge zwischen SLA, OLA und UC zu den SLA-, OLA- und UC- Definitionsschemata geführt.

Schlüsselworte: ITIL Einführung, IT Service Management, IT Prozessmanagement, IT Service Qualität, Service Level Management, IT Sourcing, IT Service Verträge, SLA, OLA, UC, SLM Prozess, SLM Intergationskonzept, SLM Checklisten.

---

[1] Sta2002

Inhaltsverzeichnis

Abkürzungsverzeichnis

ASP	Application Service Provider
ATP	Available To Promise
BDE	Betriebsdatenerfassung
BI	Business Intelligence
BSC	Balanced Score Card
CAB	Change Advisory Board
CAM	Computer Aided Manufacturing
CI	Change Items
CIP	Central Information Process
CMDB	Change Management Datenbank
DB	Datenbank
DHS	Defined Hardware Library
DL	Dienstleistung
DSL	Defined Software Library
DV	Datenverarbeitung
EAI	Enterprise Application Integration
ETL	Extrahieren Transformieren Laden
Fibu	Finanzbuchhaltung
FSC	Forward Schedule of Changes
GP	Geschäftsprozess
ISP	Internet Service Provider
ISP	Internet Service Provider
IT	Information Technology
IT DL	IT Dienstleistung
ITIL	Information Technology Infrastructure Library
itSMF	Information Technology Service Management Forum
KLR	Kosten Leistung Rechnung
KPI	Key Performance Indikator
KSP	Kunden Service Provider
KSP	Kunden Service Provider
OLA	Operation Level Agreement
OLR	Operational Level Requirements

PD	Prozessdept
PIR	Post Implementation Review
RfC	Request for Change
SAP	System Application Produkte
SDT	Service Delivery Team
SLA	Service Level Agreement
SLM	Service Level Management
SLR	Service Level Requirement
SM	Service Management
SMF	Service Management Forum
SPOC	Single Point of Contact
UC	Underpinning Contract
UCR	Underpinning Contract Requirements

Abbildungsverzeichnis

Tabellenverzeichnis

1 Einleitung

1.1 Motivation

Die folgende Aussage von Henry Ford passt bestens in den Kontext, warum diese Arbeit entwickelt werden musste: „Erfolg besteht darin, dass man genau die Fähigkeiten besitzt, die im Moment gefragt sind". Spricht man über die IT, lässt sich diese Aussage folgendermaßen interpretieren: Der IT Erfolg besteht darin, dass man genau solche IT Services liefert, die im Moment gefragt sind. Der IT Weg zu diesem Erfolg führt über das SLM.

Die Wirtschaft fordert von der IT sämtliche GP als dynamische Modelle auf der IT Ebene abzubilden, um ihre Komplexität beherrschen zu können. Dabei gilt es: Je tiefer die GP Integration geht, desto stärker expandieren die IT Lösungen. Diese Komplexität lässt sich schon aus dem etablierten V-Modell[2] der IT Systementwicklung erkennen. Dies führte dazu, dass die IT zu einer selbständigen Unternehmenseinheit ausgegliedert werden musste. Es machte die IT Aktivitäten transparenter. Die Komplexität des IT Einsatzes zusammen mit dem Wirtschaftlichkeitsansatz forderten die Entwicklung von neuen Referenzprozessen in der IT. Dabei entstand ein Bedarf die neuen Referenzprozesse zu strukturieren und mehrere Prozessschnittstellen einzuführen. Es kann dabei um mehrere parallele IT Prozesse mit eigenen Zielen gehen, die aber insgesamt einem einzigen Hauptziel untergeordnet sind: dem sicheren und möglichst wirtschaftlichen GP Support.

Für eine möglichst optimale GP und SM Unterstützung entwickelte man den ITIL Ansatz, der zuerst als Norm BS15000/ ISO 20000 etabliert wurde. Die IT wird dabei als Servicedienstleister angesehen. Der ITIL Ansatz lässt alle IT Service Prozesse einheitlich und wirtschaftlich organisieren und managen. Wie bei jeder Serviceerbringung ist es auch in der IT von großer Bedeutung, dass jede gelieferte Leistung den gesamten Kundenbedarf in Übereinstimmung mit seinen Preis- und Leistungsvorstellungen befriedigt. An dieser Stelle muss in jedem einzelnen Fall das Six Sigma[3] Qualitätsproblem gelöst werden. So spricht man von einer angemessenen IT Servicequalität. Der ITIL Ansatz besagt, dass eine optimale Konfiguration und Steuerung von IT Services eine direkte SLM Aufgabe ist. Aus diesem Grund spielt das SLM eine der Schlüsselrollen für den IT Erfolg und wird zu einem der zentralen IT SM Themen.

So wird es von der IT erwartet, dass sie eine sinnvolle IT Servicequalität zu vernünftigen Preisen liefert. Das SLM macht es möglich. Es gestaltet die IT Serviceerbringung als eine ‚end-to-end' Logistikkette des IT Service Geschäfts, die über eigene SCM- und CRM-Bereiche verfügt. Die ITIL führt dabei zu einer maximalen Optimierung bei jeder Serviceerstellung und Lieferung. Sie schlägt aber nur ihre generischen IT Strukturen vor und sagt nicht direkt, wie man die nötige Prozesskompetenz gewinnt. Aufgrund der Höhe ihrer Abstraktionsebene steuert die ITIL mit ihren eigenen Mitteln unter anderen auch das SLM Prozess. Unter diesen Mitteln werden SLA, OLA und UC als zentrale Instrumente genannt. Sie regeln es vertraglich und nachweisbar, dass die IT Kunden ihre gewünschten IT Services in Übereinstimmung mit ihren Anforderungen geliefert bekommen. Dabei ist es wichtig, dass das SLM

---

[2] Mid2005, Küf2004
[3] ISO9000

durch diese Verträge über alle wichtigen Informationen für die SLM Prozessgestaltung verfügt. Die ITIL nennt dabei nur ihre IT Prozesse und besagt nicht, wie man diese vertraglich optimal sicherstellen kann. So bedarf die IT Praxis einer Grundlage, mit der die IT Serviceverträge in einer ITIL Umgebung saubere IT Servicelieferung gewährleisten können.

Auf dem IT Markt werden schon mehrere Templates für die IT Verträge angeboten. Stammen diese Vorschläge aus dem technologischen IT Umfeld, so decken sie nur die technologiespezifischen Fragen ab. Wenn sie aus dem rechtlichen Bereich kommen, so decken sie nur die rechtlichen Aspekte ab. In solchen Fällen kann es dazu führen, dass vertragliche Lücken in der IT Service Regelung entstehen. Man kann hier auf die Idee kommen, die Vorschläge beider Aspekte zu nehmen und sie in einem universellen IT Vertrag zusammenzuführen und an einzelne IT Services anzupassen. Man handelt dann nach dem Prinzip: „... wir haben keine Zeit einen Zaun zu bauen, wir müssen unsere Hühner fangen ...". Als Zaun sind hier der SLM Rahmenprozess und als Hühner die Inhalte der IT Service Verträge gemeint. Die erforderliche Lösung dabei wäre es, die IT Service Verträge auf den SLM Prozess abzustimmen. Wird es nicht gemacht, dann hat man mit bösen Konsequenzen wie fehlgeschlagene IT Services und enttäuschte IT Kunden zu rechnen. Solche Fälle sind aus folgendem Grund besonders problematisch: es gibt keine Kommunikationsgrundlage, nach der die Problemquelle erkannt, bewiesen und für alle Parteien verständlich erklärt wird. Es kommt nachfolgend regelgerecht zur Eskalation, ohne dass das Problem behoben wird. So ist es zu vermeiden, solche fertige IT Musterverträge zu benutzen, ohne zu wissen, aufgrund welcher Regelbasis diese zustande kommen und ob sie für einen eigenen SLM Prozess auch passen.

Diese Arbeit zeigt einen Weg, wie man eine eigene SLM Vertragsbasis aufgrund von dem ITIL SLM Prozess entwickelt und wie die SLM Verträge dabei untereinander sowie mit dem SLM Prozess zusammenhängen. Schwerpunktmäßig wird es über den SLM Prozess unter Berücksichtigung seiner phasenbasierten Einführung vorgegangen. So wird man nach dem Lesen dieser Arbeit imstande alle Zusammenhänge der SLM Verträge (SLA, OLA, UC) in dem SLM Prozess zu verstehen und eigene SLM Verträge aufgrund dieser ausführlichen SLM Prozesserklärung sowie SLM Vertragsaufbauregelbasis zu erstellen bzw. die schon existierenden Verträge auf ihre Vollständigkeit zu überprüfen und bei Bedarf zu erweitern.

1.2 Problemstellung und -abgrenzung

Die Problemstellung dieser Arbeit ist es zu klären, wie man die SLM Verträge (SLA, OLA und UC) in einer ITIL Umgebung SLM prozessorientiert aufbaut. Es bedarf einer weiteren Klärung, wie diese in dem SLM Prozess zusammenhängen. Aufgrund der praktischen Orientierung an dieser Arbeit werden diese Zusammenhänge eng in Bezug auf den SLM Einführungsprozess betrachtet. Es müssen dabei folgende Problempunkte geklärt werden:

- SLM Einordnung in der ITIL. Wie wird der SLM Prozess in die ITIL Basis integriert? Dabei ist es von besonderem Interesse, wie und an welchen Stellen dieser Prozess mit den anderen ITIL Basis Prozessen kommuniziert?

- SLM Prozessmodell und seine Einführung. Was passiert in dem SLM Prozess und was ist bei seiner Einführung zu berücksichtigen, damit das SLM sicher läuft?

- SLM Objekte. Welche Objekte begleiten den SLM Prozess? Wie werden die SLM Verträge von diesen Objekten bewirkt?

- Aufbau der SLM Verträge. Welche Inhalte sind in den SLM Verträgen erforderlich, um eine sichere IT Servicelieferung leisten zu können?

- SLA-, OLA-, UC-Anforderungen. Welchen Anforderungen müssen SLA, OLA und UC gerecht werden?

- Zusammenhang zwischen SLA, OLA, UC. Wie hängen die SLM Verträge zusammen und wie werden sie aufeinander abgestimmt?

1.3 Ziel der Arbeit

Ziel dieser Arbeit ist es, eine SLM prozessorientierte Basis für die SLM Vertragserzeugung in der ITIL Praxis zu entwickeln. Es muss verfolgt werden, wie man die IT Servicelieferung vertraglich durch die SLA-, OLA- und UC-Verträge managen kann und welche Aspekte dabei zu berücksichtigen sind. Als Ergebnis dieser Arbeit wird eine praxisorientierte Basis für die SLM Vertragserzeugung in Form von Definitionsschemata erwartet.

1.4 Vorgehen

Es werden folgende Schritte vorgenommen, um das gesetzte Ziel der Arbeit zu erreichen:

- Klärung der ITIL Grundlagen für das SLM

- Klärung der SLM Prozessintegration in das ITIL Framework

- Klärung der Aspekte der SLM Vereinbarungen

- Klärung der SLM Definitionsschemata

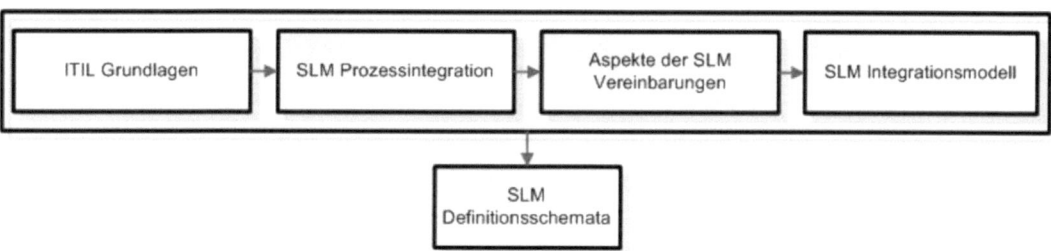

Abbildung 1: Vorgehen zur Zielerreichung

- ITIL Grundlagen (Kapitel 2). Bei der Betrachtung der ITIL Grundlagen wird der Fokus auf die wichtigsten ITIL Grundbegriffe für das SLM ausgerichtet. Hier werden auch die SLM angrenzenden ITIL Module erklärt.

- SLM Prozessintegration (Kapitel 2). Es wird der SLM Prozess mit seinen begleitenden SLM Objekten und seiner Integration in einer ITIL Umgebung geklärt.

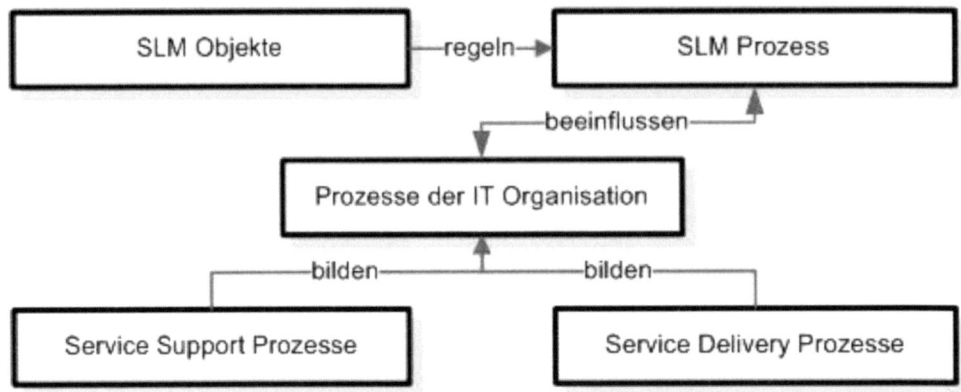

Abbildung 2: SLM Prozessintegration

Nach dem Lesen des Kapitels „Grundlagen" wird jeder Leser imstande sein, zu verstehen, wie der SLM Prozess verläuft und wer in diesem Prozess welche Rolle spielt. Es wird auch geklärt, was dieser Prozess braucht (welche Objekte und wozu) und wie er in die weiteren ITIL Prozesse integriert ist.

- Aspekte der SLM Vereinbarungen (Kapitel 3). In diesem Schritt wird der Aufbau der SLM Vereinbarungen und ihre grundlegenden Anforderungen betrachtet.

- SLM Integrationsmodell (Kapitel 4). In diesem Schritt wird eine prozessorientierte Erzeugung der SLM Verträge in Übereinstimmung mit den grundlegenden Anforderungen zu ihren Inhalten und Aufbau geklärt.

- SLM Definitionsschemata (Kapitel 5). In diesem Schritt werden die Ergebnisse dieser Arbeit in Form von Definitionsschemata für SLA, OLA und UC dargestellt. Dieser praxisorientierte Leitfaden kann als Regelwerk für die SLA, OLA und UC Umsetzung benutzt werden.

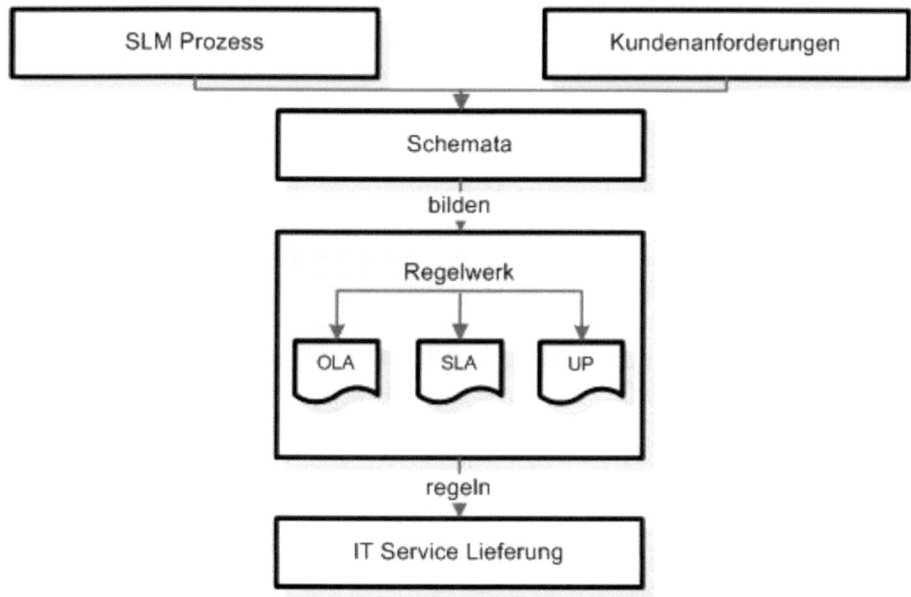

Abbildung 3: SLM Integrationskonzept

Die Definitionsschemata sind auf das ITIL SLM Prozess abgestimmt. So nehmen sie den SLM Prozess samt allen Kundenanforderungen zu einem gewünschten IT Service und unterstützen eine SLM prozessorientierte Erzeugung aller nötigen SLM Verträge. Diese SLM Verträge sollen zu einer sicheren IT Service Lieferung in einer ITIL Umgebung beitragen.

2 Grundlagen

Die ITIL ist als ein Best Practice Framework für Definition und Betrieb von IT Infrastrukturen bekannt. Indirekt beschreibt sie alle Prozesse, die einen effizienten und effektiven Betrieb sämtlicher IT Infrastrukturen ermöglichen. Der ITIL Ansatz ist serviceorientiert. Sie hat zum Ziel die Gewährleistung einer sicheren IT Unterstützung für alle DV Verfahren des IT SMs. So wird angestrebt, die IT Kunden ausreichend zufrieden zu stellen. Die verwendeten IT Technologien spielen dabei nicht unbedingt die wichtigste Rolle. Hauptziel ist , dass die bestellten und die gelieferten IT Serviceleistungen in ihren Umfang und Qualität übereinstimmen. Wichtiges Merkmal der ITIL besteht darin, das sie nur die IT Referenzinfrastrukturen nennt und keine Umsetzungswege zeigt und die generischen IT Infrastrukturprozesse indirekt erklärt. Diese indirekte ITIL Vorgehensweise lässt sich in jedem konkreten Fall der IT Praxis so umsetzen, so das die ITIL optimal eine konkrete IT Organisation unterstützen kann. Eben dieses Merkmal machte sie zu einer der erfolgreichsten IT Normen. Die erfolgreichsten Fälle des IT Einsatzes erweitern kontinuierlich die ITIL Grenzen, was für die IT in der Praxis von besonderem Interesse ist. Diese IT Erfolgsfälle werden zu den Best Practices ernannt. Die ITIL bildet dabei ein Rahmenkonzept, welches durch die IT Best Practices konsequent erweitert wird und die für das IT SM allgemein zur Verfügung stehen. In den letzten Jahren trug die ITIL mit ihrer starken Verbreitung in IT Abteilungen dazu bei, dass sich unter IT Verantwortlichen ein Bewusstsein und eine gemeinsame Terminologie für das IT SM herausgebildet hat[4]. Das gemeinsame Verständnis erleichtert die Kommunikation zwischen IT Abteilungen sowohl innerhalb eines konkreten Unternehmens als auch unternehmensübergreifend. Mit den folgenden Schwerpunkten setzt sich die ITIL als allgemeiner IT Management Ansatz durch:

- IT Service Qualität wird messbar,

- IT Serviceerbringung wird zu einer steuerbaren Prozesskette,

- IT Service Prozessabläufe werden durchgängig und konsistent,

- IT SM wird mit einer einheitlichen ITIL Standardterminologie unterstützt,

- die Kommunikationswege zwischen IT SM und GP Owners werden wesentlich verbessert,

- höhere Kundenzufriedenheit durch Steuerung der Erwartungshaltung.

ITIL bildet die Arbeitsgrundlage der international tätigen Benutzergruppe IT SM Forum (itSMF)[5]. Als zentrales Ziel dieser Zusammenarbeit versteht sich die Ausarbeitung der Best Practices für eine optimale GP Unterstützung von der IT Seite. Die nächste Abbildung stellt diesen Zusammenhang dar.

---

[4] Mat2004
[5] Per2000, 2

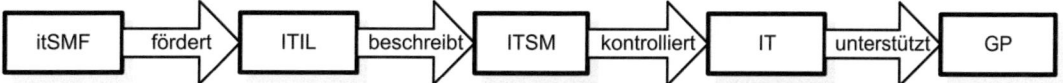

Abbildung 2: Wirkungskette von dem itSMF bis zu Geschäftsprozessen[6]

So erarbeitet das itSMF verschiedene ITIL Referenzmodelle für eine standardisierte und vollständige Beschreibung des IT SMs als ITIL Framework. Basierend auf dem framewor-korientierten ITIL Referenzmodell wird die IT Leistung dort gesteuert, wo es sinnvoll und nötig ist. Als sinnvoll versteht sich eine Leistungsmessung nur dort, wo solche Leistung beeinflussbar ist. Eine GP konforme Einstellung von IT Services gewährleistet eine optimale IT Serviceerbringung. So trägt die ITIL zu sicheren GP Abläufen mit der Unterstützung von diversen DV Verfahren durch eine maßgefertigte IT Serviceerbringung bei.

2.1 Generelles Prinzip in der ITIL

Als Prototyp für das ITIL Prinzip dient das Qualitätsrad bzw. der Qualitätskreis von Deming[7]. In der ITIL wird der Deming Qualitätskreis an die IT Service Welt angepasst und als ihr generelles Prinzip „Monitor-Control-Loop" umformuliert. Die nächste Abbildung zeigt die Entstehung des Monitor-Control-Loops aus dem Deming Qualitätsrad.

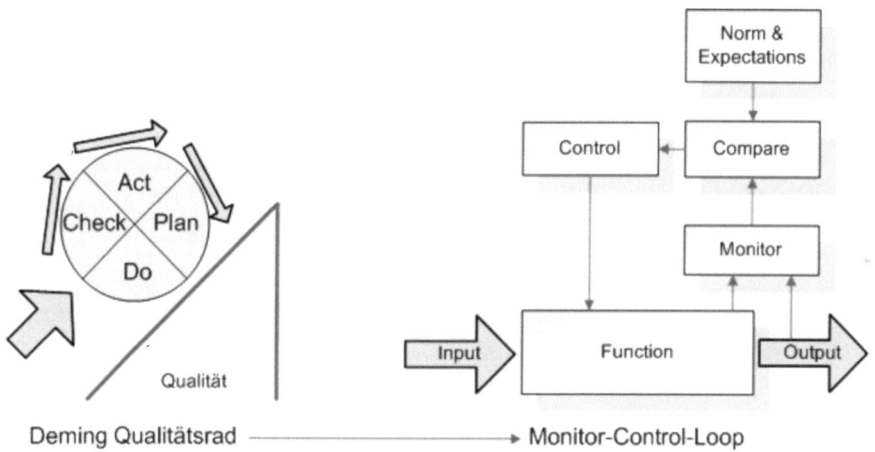

Abbildung 3: Generelles Prinzip der ITIL[8]

Der Prozess des Deming Qualitätsrades beginnt mit dem Zyklus „Plan". In diesem Planzyklus prüft man den Sachstand auf Verbesserungspotentiale und entwickelt einen Plan zur Quali-tätsverbesserung. Bei der Betrachtung von den Schwachstellen und Verbesserungspotentialen werden meist die prozessverbessernden Maßnahmen ermittelt. Diese Maßnahmen setzt man in dem weiteren Zyklus ‚Do' um. Nach dem prozessverändernden Zyklus ‚Do' wird es in dem Zyklus ‚Check' überprüft, ob die Veränderungen in Bezug auf die im Planzyklus definierten Ziele positiv verlaufen und wie diese zu bewerten sind. In dem Zyklus ‚Act' werden Maß-nahmen zur Korrektur aller festgestellten Abweichungen, Planänderungen oder Verbesserun-

---

[6] Sag2005, S. 15
[7] Köh2005, S. 1-3
[8] OCG2002

gen im Qualitätsmanagementsystem durchgeführt, um die vorher definierten Ziele zu errei-chen. Wird das Qualitätsrad so weitergedreht, so werden die Prozesse kontinuierlich verbes-sert. Das Deming Qualitätsrad ist selber ein zyklischer Prozess.

Die Monitor-Control-Loop Schritte entsprechen den Zyklen des Qualitätsrades. Dabei wird dieser Monitor-Control-Loop auf jeden ITIL Prozess angewendet. Dieses Prinzip ist in der ITIL grundlegend und wird in dieser Arbeit durchgehend berücksichtigt.

2.2   ITIL Grundbegriffe

Die begriffliche Einheitlichkeit der ITIL gehört zu ihren erfolgssichernden Durchsetzungsfak-toren. Aus diesem Grund ist es wichtig gleich am Anfang der Arbeit die wichtigsten Begriffe zu klären und sich an diese Definitionen zu halten. Es erfordert einen nicht ganz unerhebli-chen Leseraufwand, ist aber für das adäquate Verständnis der ganzen Arbeit sehr wichtig. Unter zentralen Begriffen fallen hier solche wie Prozess, Service, Rollen und Aktivitäten, Best Practices, Key Performance Indikatoren. Mit diesen Begriffen wird hier der prozessorientierte SLM Ansatz beschrieben. Dieser Ansatz wird auch als Kern der ITIL bezeichnet[9].

2.2.1 Prozess

Ein Prozess ist eine logisch zusammenhängende Reihe von Aktivitäten zur Erreichung eines vorab definierten Ziels. Jeder Prozess wird durch seinen Anfang und sein Ergebnis definiert. Mehrere Steuerungsgrößen können einzelne Prozesse beeinflussen. Als Steuerungsgrößen können sowohl Prozessparameter als auch weitere Prozesse auftreten. Die ITIL Prozesse werden durch die SLAs, OLAs und UCs dimensioniert. Die nächste Abbildung stellt die Definition eines Prozesses nach dem generischen ITIL Prozessmodell dar.

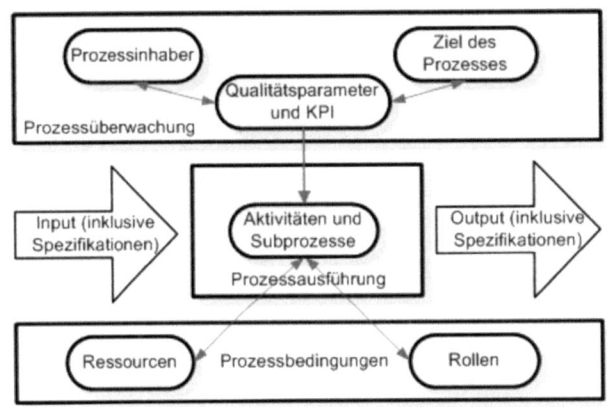

Abbildung 4: Das generische ITIL Prozessmodell[10]

[9] Köh2005, S. 20 - 28
[10] itSMF2004, S. 31

2.2.2 Service

Ein Service ist eine definierte Aufgabe, wie z.B. eine Dienstleistung, die erforderlich ist, um einen bestimmten GP durchführen oder am Leben erhalten zu können. Die Anforderungen an die Qualität und Quantität einer bestimmten Dienstleistung werden unter der ITIL als Service Level bezeichnet. Die einem Level zugeordneten Dienstleistungen müssen messbar sein. Die aktuellen und künftigen speziellen Anforderungen an einen Service bzw. einen zugrunde liegenden GP oder eine Infrastruktur werden unter ITIL innerhalb eines SLAs erfasst.

2.2.3 Rollen und Aktivitäten

Wird unter der ITIL ein Prozess definiert, so werden diesem Prozess gleich ein oder mehrere Prozessausführende und Prozessverantwortliche zugeordnet. Diese werden als Rollen bezeichnet. Bei der Einführung von den ITIL Prozessen in einer Firma muss ein Ist-Zustand ermittelt werden, der innerhalb einer Betriebsführungsmatrix (Rollen, Aufgaben, Verantwortungen) zusammengefügt wird. Danach wird ermittelt, welche Verantwortlichkeit unter den ITIL Prozessen erneut zugeordnet wird. Jede Rolle hat ihren Prozessaufgabenkreis. Die Erfüllung von jeder Aufgabe wird als eine Aktivität bezeichnet.

2.2.4 Best Practices

„Best Practice" bedeutet, dass man sich an einem allgemein anerkannten und gelebten Standard orientiert, welcher die maximalen Vorteile in sich vereinigt. Als Grund für das Adaptieren einer „Best Practice" kann man somit die Gewissheit einer ausgereiften Vorgehensweise nennen.

2.2.5 Key Performance Indikators

Unter dem Begriff Key Performance Indikators (KPI) versteht man unter der ITIL sämtliche aussagekräftige Kennzahlen im direkten Bezug zu einem der ITIL Prozesse. Die Zuordnung einer Kennzahl zu einem spezifischen Attribut in diesem ITIL Prozess charakterisiert dessen Leistungsfähigkeit.

2.3 ITIL Struktur

Die ITIL hat einen strukturierten Aufbau und besteht derzeit aus sieben ITIL Büchern. Jedes Buch enthält einen Satz von seinen IT Modulen, die wiederum ihre spezifischen Prozesse enthalten. Mittlerweile sind mehr als zwanzig unterschiedliche ITIL Prozesse bekannt, die einen Weg beschreiben, um ein effektives IT SM durchführen zu können. Diese ITIL Bereiche dienen der Sicherstellung von qualifizierten und kosteneffektiven IT Dienstleistungen, welche die GPs eines Unternehmens wirkungsvoll unterstützen. Die Nächste Abbildung stellt die Struktur der ITIL Bereiche dar.

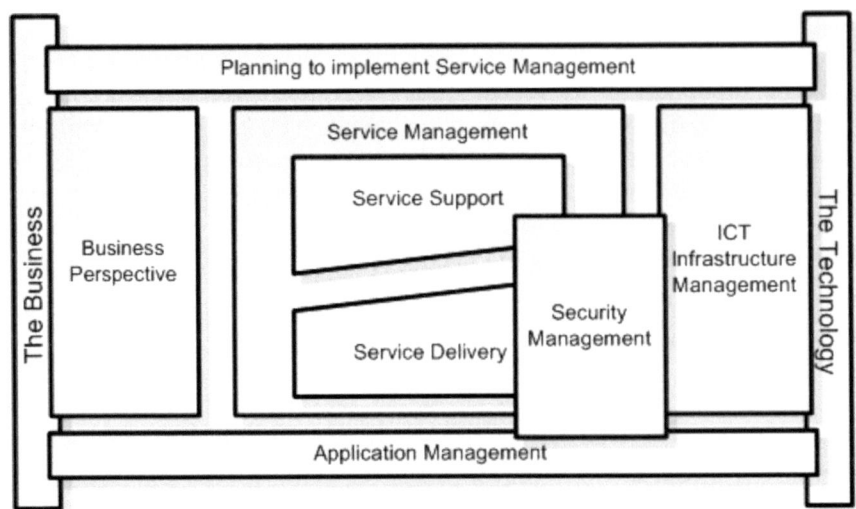

Abbildung 5: Das ITIL Framework[11]

Die Bereiche des SMs Service Support und Service Delivery werden als ITIL Basis bezeichnet. Die übrigen beschreiben „ergänzende Themen aus dem Bereich IT Management"[12]. Im Weiteren werden die ITIL Hauptbereiche im Überblick nach itSMF und Köhler[13] dargestellt.

2.3.1 Business Perspective

Der Bereich Business Perspective beschäftigt sich mit dem IT Service aus der Sicht der Geschäftsleitung. Dazu gehören solche Fragen wie Outsourcing von IT Dienstleistungen oder Business Continuity Management.

2.3.2 Planning to Implement Service Management

Der Bereich Planning to Implement Service Management befasst sich mit der Planung, Einführung und fortlaufenden Verbesserung der ITIL Prozesse. Wichtig dabei ist es, dass die Ist- und Soll-Zustände sauber definiert werden und eine laufende Analyse und Überprüfung der KPIs vorhanden ist.

2.3.3 Applikations Management

Der Bereich Applications Management beschäftigt sich mit dem Planen, Entwickeln, Testen, Implementieren und Außerbetriebnehmen von in einem Unternehmen eingesetzten Applikationsprogrammen. Über den gesamten Lebenszyklus einer Applikation wird es versucht, ein für das Unternehmen sinnvolles Management dieser geschäftsprozessabbildenden Programme durchzuführen. Definierte Standards zur Abnahme, Veränderung und Test runden das Tätigkeitsprofil des Applications Managements ab.

---

[11] OGC2000
[12] itSMF2004
[13] Köh2005, S. 39 - 42

2.3.4 ICT Infrastrukture Management

Das Bereich ICT Infrastructure Management befasst sich mit allen Aspekten der IT Infrastruktur und deren Überwachung. Dabei werden sowohl zentral als auch dezentral eingesetzte IT Verfahren geplant und überwacht.

2.3.5 Security Management

Der Bereich Security Management befasst sich mit der Definition einer Firmen Security Policy, Aufstellung eines Security Plans mit allen Maßnahmen zur Datensicherheit (Vertraulichkeit, Integrität und Verfügbarkeit von firmeninternen Daten) einer Firma. Dieser Bereich führt die Analyse und Klassifizierung von den IT Risiken durch, die durch erfolgte und evtl. mögliche Angriffe z.B. durch Softwareviren oder Hacker eintreten können. Nach der erfolgten Analyse werden entsprechende Maßnahmen eingesetzt oder neu eingeführt. Security Management verfolgt, identifiziert und steuert gegen IT Sicherheitsrisiken im Ursprung.

2.3.6 Service Support

Zusammen mit dem Service Delivery bildet dieser Bereich die Basis des SMs nach der ITIL. Der Service Support soll nach der ITIL Philosophie für die Nutzer eines DV Verfahrens zentral von einer Stelle abrufbar sein. Die Realisierung erfolgt meist über die Customer Help Desk Funktion. Häufig wird Customer Help Desk auch als SPOC bezeichnet. Der Benutzersupport erfolgt teilweise über den Incident Management Prozess (reaktives Problemmanagement) und teilweise über den Problem Management Prozess (proaktives Problemmanagement). Die Change- und Release Management Prozesse versuchen idealerweise gegen alle möglichen Probleme vorzubeugen, bevor diese auftreten. Wünschenswert soll es bereits in der Testphase für alle SW Updates oder Installationen passieren. Configuration Management erfasst und beschreibt alle Komponenten eines DV Verfahrens. Es lässt somit die anderen Service Support Prozesse maximal effizient durchführen. Die nächste Abbildung zeigt, wie die Service Support Prozesse zwischen IT Kunden und der IT Infrastuktur ihre Daten austauschen. Für das Verständnis des Aufbaus der SLM Definitionsschemata und deren Rückkopplung mit dem SLM Prozess ist dieser Zusammenhang sehr wichtig.

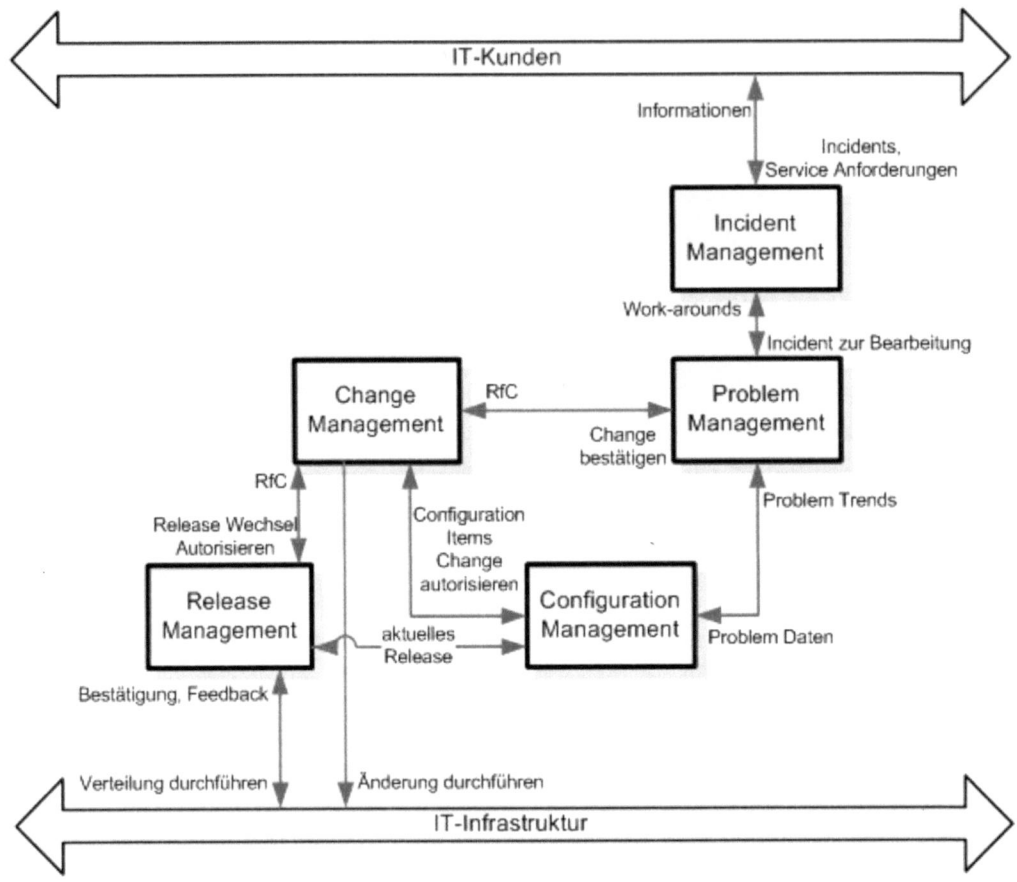

Abbildung 6: Service Support Prozesse[14]

2.3.7 Service Delivery

Der Service Support soll nach der ITIL Philosophie für die Nutzer eines DV Verfahrens eine auf die Kundenanforderungen abgestimmte Leistung zur Verfügung stellen. Diese Leistungen zu spezifizieren ist die Aufgabe des Service Level Managements.[15] Das Financial Management sorgt für leistungsgerechte Verrechnungen der IT Services. Das Continuity Management befasst sich mit möglichem Notfallvorgehen, um die GPs bei evtl. DV Verfahrensausfällen geschäftsfähig erhalten zu können. Das Availability Management versucht die Verfügbarkeit aller DV Verfahren zu erhöhen und ihre evtl. möglichen Ausfallzeiten zu verkürzen. Das Capacity Management beschäftigt sich damit, die Anforderungen bezüglich Auslastung und Antwortzeit bzw. Transaktionszeitverhalten der Nutzerbedürfnissen eines DV Verfahrens gerecht zu machen. Das Service Level Management stellt sicher, dass die Anforderungen des Nutzers eines DV Verfahrens rechtzeitig vereinbart und in Übereinstimmung mit diesen Vereinbarungen nachweisbar erfüllt werden können. Die nächste Abbildung stellt dieses Zusammenwirken in der Service Delivery dar. Für das Verständnis des Aufbaus der SLM Definitionsschemata und deren Rückkopplung mit dem SLM Prozess ist dieser Zusammenhang sehr wichtig.

---

[14] Mas2005
[15] Köh2005, S. 47 - 53

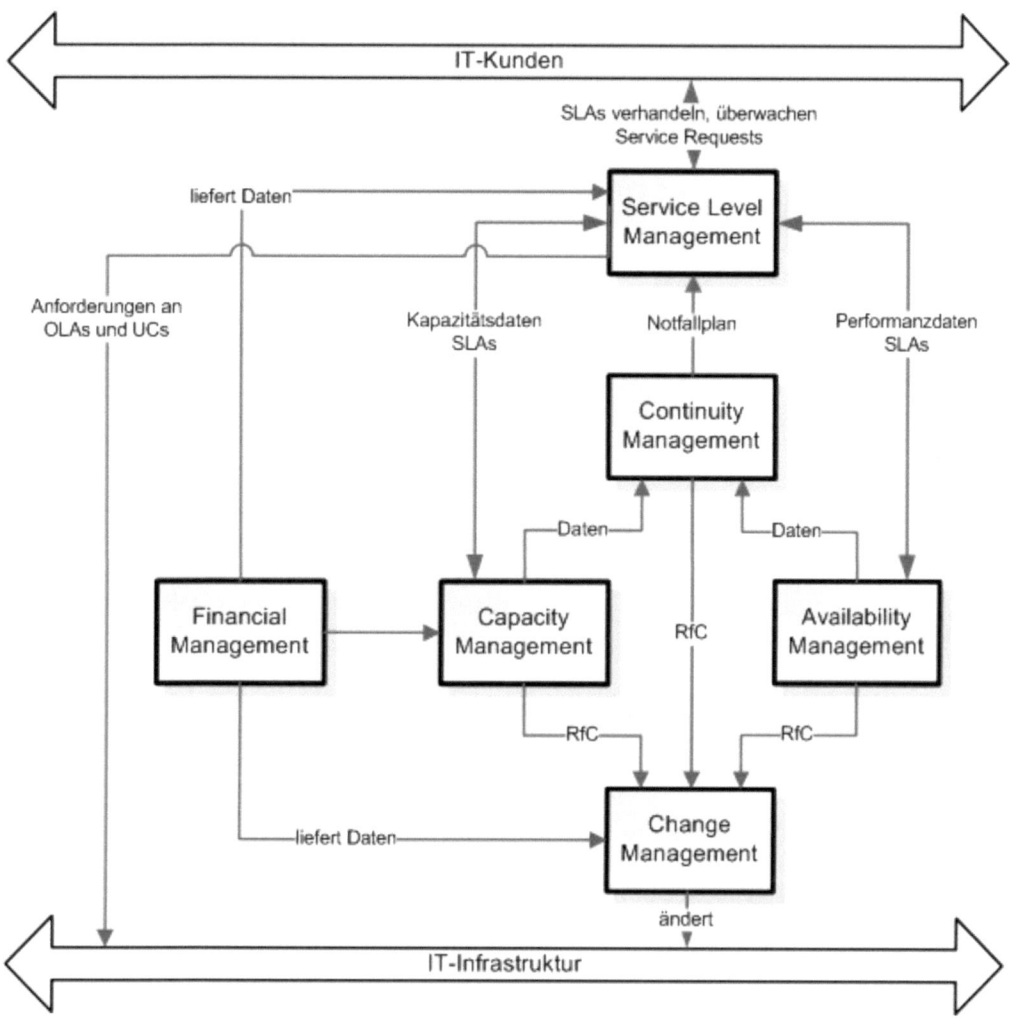

Abbildung 7: Service Delivery Prozesse[16]

2.4 Service Management

In dem Service Management wird der Deming Qualitätsradansatz aktiv benutzt. Dieses Prinzip ist für seine Ablauforganisation grundlegend und läuft zyklisch. Jeder Schritt in diesem Zyklus bildet eine modularisierte Systemfunktion der IT Service Organisation. Dieser Zusammenhang wird in der nächsten Abbildung dargestellt.

---

[16] Mas2005

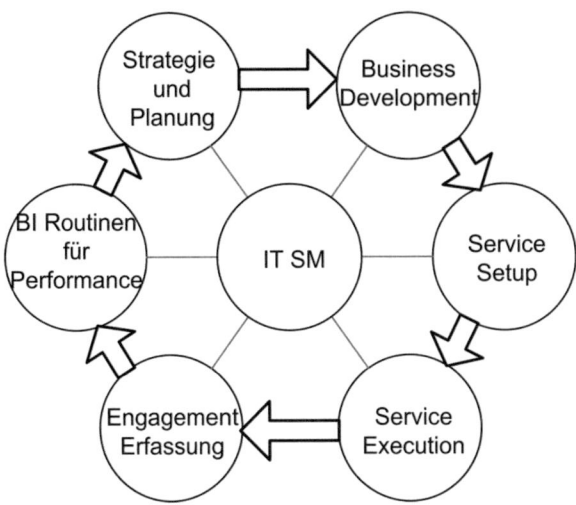

Abbildung 8: Service Cycle des Service Managements[17]

Die einzelnen Schritte des Service Cycles werden in Übereinstimmung mit ihrer Ablaufreihenfolge im Weiteren erklärt.

1. Strategie und Planung. Aktivitäten: Portfolio Erstellung bzw. Pflege, Serviceanalyse und Priorisieren des Service Angebotes für Kunden, Budgetierung und PRINCE2[18] Planung.

2. Business Development. Aktivitäten: Service Marketing und Service Verkauf, Service Design und Service Preiskalkulation, Angeboterstellung.

3. Service Setup. Aktivitäten: SLA Vertragvereinbarung, Aufbau von Projektstrukturen für Kundenprojekte, Identifizierung und Zuordnung von Ressourcen zu Kundenprojekten, Projektsteuerung.

4. Service Execution. Aktivitäten: Lieferung und Unterstützung der IT Dienstleistungen in einem vereinbarten Umfang.

5. Engagement Erfassung. Aktivitäten: Kostenerfassung von internen und externen Aufwänden, Accounting für Kundenprojekte und Services, Rechnungerstellung und Ausziffern.

6. BI (Business Intelligence) Routinen für Erfolgs- und Performancemessung. Aktivitäten: Extrahieren und Transformation der Daten zur Auswertung von der Kundenprofitabilität, Analyse der operationalen Effizienz, Analyse des eigenen Knowledgemanagements usw.

---

[17] Sir2005
[18] Köh2006

2.5 Zielsetzung des SLM

Generelle Zielsetzung des SLMs ist der SLM Erfolg. Dieser Erfolg wird allgemein als eine optimale Erfüllung der Kundenerwartungen im Rahmen von vereinbarten IT Services definiert.[19]. Alle Vereinbarungen werden dabei durch die SLAs dokumentiert und gelten als verbindlich. Diese Vorgehensweise setzt voraus, dass die von Kunden bestellten IT Services und die entsprechenden IT Leistungen eines IT Dienstleisters in ihrer Qualität gemessen und mit spezifischen Größen nachgewiesen werden. Die optimale IT Service Zusammenstellung und Qualitätskontrolle über dem ganzen IT Service Lebenszyklus ist ebenfalls das SLM Ziel. Der SLM Erfolg ist ein komplexes Merkmal, das auf einer hohen Ebene seine Aussage über die gelieferten IT Services trifft. Dieses Merkmal kann in dem ITIL Kontext durch den folgenden Quotienten ausgedrückt werden:

SLM Erfolg = (IT Service in der vereinbarten Kundenvorstellung) / (gelieferte IT Service) * 100.

SLM Erfolg	Bedeutung
(IT Service in der vereinbarten Kundenvorstellung) = (gelieferter IT Service)	SUCCESS
(IT Service in der vereinbarten Kundenvorstellung) > (gelieferter IT Service)	DANGER
(IT Service in der vereinbarten Kundenvorstellung) < (gelieferter IT Service)	ATTENTION

Tabelle 1: SLM Erfolg

Die Bedeutung des SLM Erfolgswertes lässt sich folgendermaßen interpretieren:

- SUCCESS: SLM Erfolg ist 100%. Die IT Service Lieferung war optimal. In diesem Fall kann man die Erfahrung mit dem betroffenen IT Service als Best Practices im Unternehmen bezeichnen. Die Spezifikation von diesem IT Service samt allen untergeordneten Subservices (externe und interne Vereinbarungen, Setup Parameter) können evtl. auch als Referenzbasis wieder verwendet werden.

- DANGER: SLM Erfolg ist weniger als 100%. Die IT Service Lieferung war mangelhaft. In diesem Fall soll die Root Cause Analyse[20] für den betroffenen IT Service sofort angestoßen werden. Wird der Fall unterschätzt, so startet an dieser Stelle die Service (bzw. Business) Loss Chain[21]. Als Ergebnis der Root Cause Analyse ergibt sich ein Verfahren zur Eliminierung von sämtlichen Auslösern der Service Loss Chain.

- ATTENTION: SLM Erfolg ist größer als 100%. Die IT Service Lieferung war ohne Mängel aber mit einem zu hohen Aufwand verbunden. Dies ist nicht optimal. In diesem

---

[19] Köh2005, S 129
[20] ABS1999
[21] Ang2005, S. 43

Fall soll die Wirtschaftlichkeit des gelieferten IT Services überprüft werden. Der betroffene IT Service gilt dann als optimierungsbedürftig. Die Ursachen dieser Situation müssen mittels der Root Cause Analyse lokalisiert werden. Eine Optimierung der Wirtschaftlichkeit bei der IT Servicelieferung ist erforderlich.

2.6 SLM Prozess

Der SLM Prozess läuft zyklisch nach dem Service Management Kreis Prinzip[22]. Dieser Prozess besteht aus vier Phasen[23]:

1. Development. Aufgabe: Kundenanforderungen ermitteln und als IT Service Spezifikation interpretieren.

2. Negotiating. Aufgabe: IT Service Spezifikation und Verbindlichkeiten mit Kunden und IT Subservicelieferanten vertraglich regeln.

3. Reporting. Aufgabe: Periodisches Überwachen eines gelieferten IT Services.

4. Service Improvement. Aufgabe: Periodische Verbesserung der Servicequalität und Optimierung der IT Servicelieferung.

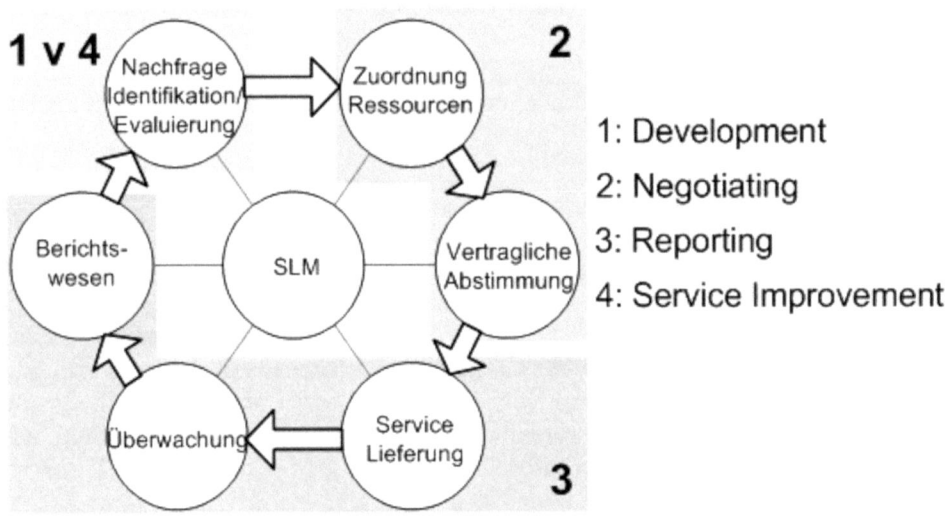

Abbildung 9: SLM Prozess Phasen

In dem ersten IT Service Qualität Cycle wird mit der Development und Negotiating angefangen. Bei jedem weiteren IT Service Qualität Cycle verläuft der SLM Prozess nur über die Reporting und Service Improvement Phasen. So geht es während des ganzen IT Service Lebenszyklus weiter.

---

[22] Hier: Ablauf des Service Managements
[23] Gau2005, Köh2005, S. 131

2.6.1 Rollen und Aktivitäten

Der SLM Prozess kennt folgende Rollen[24]: Prozessowner, Service Delivery Team, SLA Team, Prozessdept, IT Kunde. Der IT Kunde kauft die kompletten IT Services bei der IT Organisation.

- Der Prozessowner ist für die Prozessauslösung zuständig. Er tritt in direkten Kontakt mit den IT Kunden ein. Mit Unterstützung seitens des Service Delivery Teams führt er die Kundenverhandlungen über die gewünschten IT Services. Er gibt die Kundenanforderungen zu einem gewünschten IT Service an das Service Delivery Team weiter und bekommt von denen einen SLA Entwurf zurück. Im Weiteren verhandelt er mit den Kunden, ob dieser SLA Entwurf zu einem SLA werden kann. Evtl. Änderungswünsche werden dabei wieder an das Service Delivery Team weitergeleitet. So geht es im Kreis, bis ein endgütiger SLA Entwurf von der Kundenseite als ein SLA akzeptiert wird. Ab diesem Zeitpunkt wird es für die IT Service Organisation und IT Kunden verbindlich die SLA Vereinbarungen einzuhalten.

- Das Service Delivery Team beschäftigt sich mit der IT Service Lieferung in allen Phasen des SLM Prozesses. Seine Aufgaben bestehen im Folgenden:

  1. Interpretation des Kundenwunsches bis auf einem lieferbaren IT Service und erforderlichen Subservices

  2. Unterstützung des Prozessowners bei seinen Kundenverhandlungen in allen SLA Fragen

  3. Sicherstellen der SLA Einhaltung bei der IT Service Lieferung

  4. IT Service Reporting

  5. Serviceverbesserung und Optimierung

  6. Serviceüberwachung.

- Das SLA Team beschäftigt sich mit sämtlichen analytischen Fragestellungen des SLM Prozesses. Seine Aufgaben bestehen im Folgenden:

  1. SLA-, OLA und UC-Entwurf erstellen

  2. Dokumentenworkflow und Überwachung der Verbindlichkeiten für jede involvierte Partei in der ganzen ‚end-to-end' Kette der IT Service Erstellung

  3. Anpassung des Berichtwesens an die SLA Anforderungen

  4. Mehrstufiger IT Servicereporting (SLA-, OLA-, UC- Berichte) und KPI Analyse des gelieferten IT Services.

---

[24] Kau2005l

- Prozessdept beschäftigt sich mit der Analyse der Zusammensetzung eines IT Services, die das Service Delivery Team als IT Service Spezifikation liefert. Er definiert allgemein den Prozess der IT Service Erstellung.

Die nächste Abbildung stellt den SLM Prozess mit seinen Rollen dar.

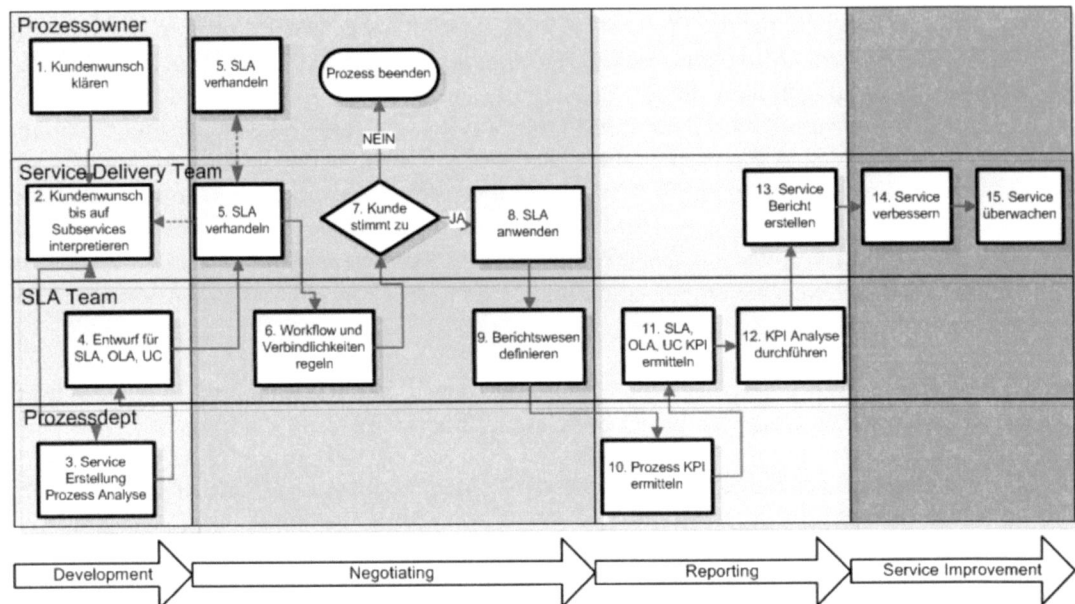

Abbildung 10: SLM Rollen, Aktivitäten, Phasen

2.6.2 SLM Prozesseinführung

Die Einführung des SLM Prozesses in der Praxis erfolgt wiederum als ein komplexer Prozess. Dieser Prozess kennt drei Phasen: int. Analyse, ext. Analyse und Service Setup. Im Folgenden werden die einzelnen Phasen von diesem Prozess näher erklärt. [25]

- Analyse interner Beziehungen. Aufgabe: Erstellung eines SLM Konzepts, Ist-Prozess Analyse, Ist-Funktion Analyse, Dokumentation aller lieferbaren int. Services.

- Analyse externer Beziehungen. Aufgabe: Analyse des Bedarfes und Anforderungen an die ext. Services, Ermittlung und Analyse der Voraussetzungen und Schnittstellen zu allen benötigten ext. Funktionen.

- IT Service Setup. Aufgabe: Definition der Service Levels sowie Soll-Prozesse, Identifikation der Kostentreiber und Definition der Preismodelle, Implementierung der Service Levels.

---

[25] PWC2005

Dieser Zusammenhang wird in der nächsten Abbildung dargestellt.

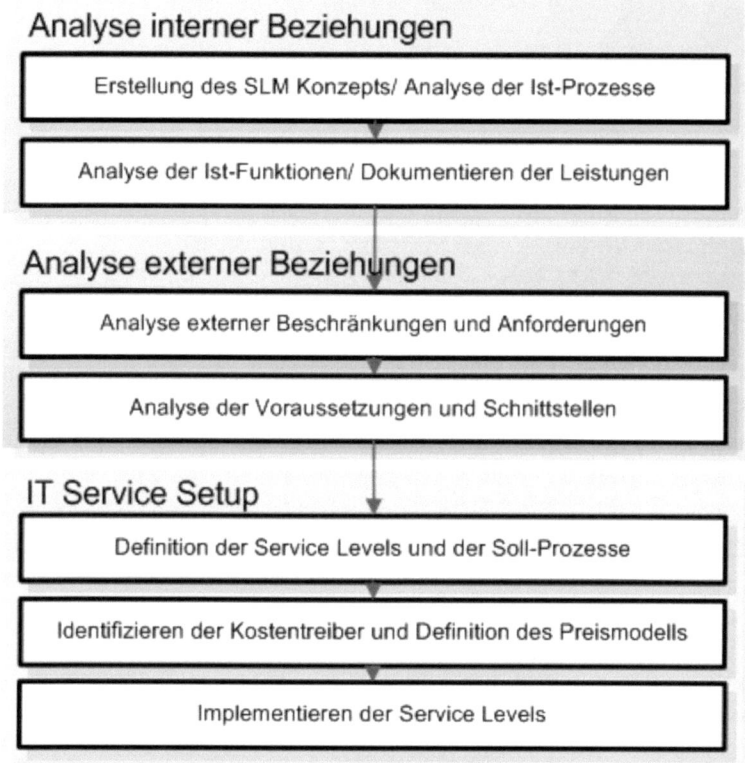

Abbildung 11: SLM Prozesseinführung[26]

2.6.3 Messung und Steuerung

Es gilt grundsätzlich: Nur messbare Objekte sind steuerbar. Wichtig ist es zu berücksichtigen, dass es in dem SLM um zwei verschiedene Messungsarten gehen kann: IT Service Messung und SLM Messung. Im Weiteren werden die beiden Messungsarten erklärt.

IT Service Messung. Jeder gelieferte IT Service muss messbar sein. Es müssen sowohl kundenspezifische Messungen als auch eigene int. bzw. ext. Prozesse der IT Serviceerstellung gemessen werden. Dabei benutzt man zwei Messverfahren[27]:

- Schnittstellenverfahren: Es wird an bestimmten Stellen in dem IT Service Lieferung Prozess gemessen. Die solcherweise ermittelten KPIs beschreiben sämtliche Prozesseigenschaften. Jeder Prozess der IT Service Lieferung muss seine vorhandenen Möglichkeiten für dieses Schnittstellenverfahren spezifizieren.

- Prozessverfahren: Es werden einzelne Prozesse im gelieferten IT Service gemessen. Es sind solche, die z.B. ihre einzelnen Transaktionen von der Erzeugung bis zur Beantwor-

---

[26] PWC2005
[27] Kau2005, S. 405 - 413

tung verfolgen. Diese Messungen werden serviceabhängig und in Übereinstimmung mit den SLA Anforderungen in jedem IT Service Schema definiert.

Die Soll-Werte für beide Verfahren kommen sowohl aus Kundenanforderungen als auch aus der Analyse des Prozesses der IT Service Erstellung. Diese Werte werden dann als IT Service KPIs bezeichnet und lassen die IT Services vernünftig überwachen und steuern.

Die SLM Messung erfolgt etwas abstrakter als die IT Service Messung. Es werden solche SLM Werte ermittelt, die nicht die einzelnen IT Services sondern das ganze SLM messen. In einer ITIL Umgebung wird eine solche Messung an drei messbaren SLM Blöcken durchgeführt: SLM Prozessinput, SLM Prozess, SLM Prozessoutput. Jeder dieser Blöcke hat seinen eigenen Fokus. Der Fokus des SLM Prozessinputs liegt auf gewünschten IT Serviceanforderungen, entsprechenden Berichtsanforderungen, Leistungsmerkmalen und deren Benchmarkwerten sowie Laufzeit einer gewünschten IT Serviceerbringung. So werden diese Parameter in den SLM Prozess übernommen und auf die Schnittstellen- und Prozessverfahren projiziert. Die Einhaltung dieser IT Service Messparameter bei der IT Service Lieferung wird i.d.R. über die SLM Referenzparameter spezifiziert. So kommt man auf die SLM KPIs wie z.B. Anzahl von abgeschlossenen SLAs, OLAs, UCs, Servicekatalog Umfang, Service Kosten usw. Als SLM Steuerungsgrößen treten dabei solche wie z.B. GP Transparenz, Mitarbeiterausbildungsstand, Niveau aller benötigten Services. So wird das SLM über die gelieferten IT Services gemessen und über seine Steuerungsgrößen geregelt.

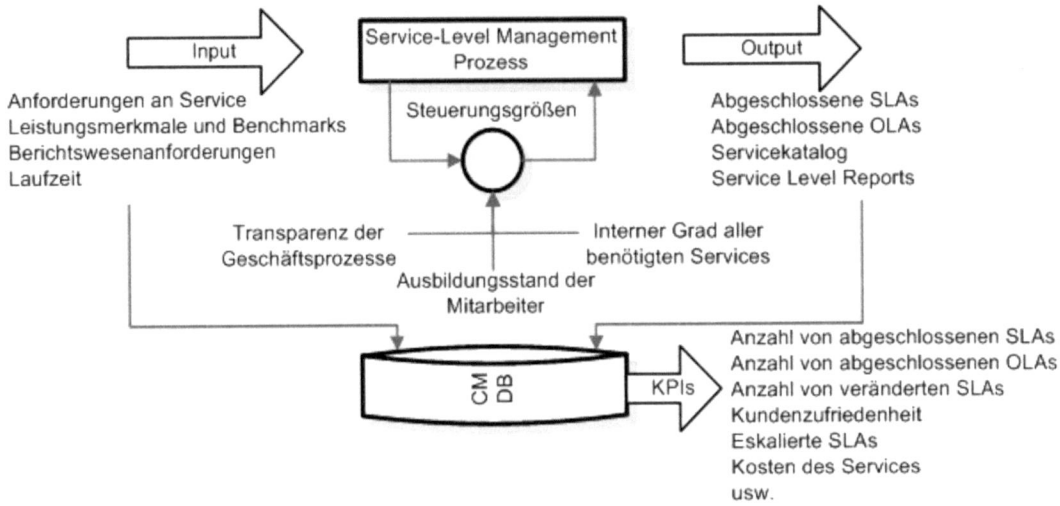

Abbildung 12: SLM Prozessmessung[28]

So spricht man von zwei Ebenen der SLM Steuerung aufgrund der SLM- und IT Service Messung: strategisch und operativ. Die strategische SLM Steuerung erfolgt aufgrund der KPIs aus der SLM Messung und gilt für alle gelieferten und geplanten IT Services. Die operative SLM Steuerung erfolgt aufgrund der KPIs aus der IT Service Messung für jeden gelieferten

---

[28] itSMF2004, S. 138

IT Service. Die Schnittstellen- und Prozessverfahren dienen in der operativen SLM Ebene als Steuerungswerkzeuge.[29]

2.7 SLM Objekte

In jeder Phase des SLM Prozesses werden diverse SLM Objekte erzeugt. Diese Objekte dienen zur Sicherstellung des SLM Prozessablaufs. In der nächsten Abbildung wird die funktionale Zuordnung der SLM Objekte zu den SLM Phasen dargestellt:

- Development: Service Anforderungen, Service Spezifikation, Service Quality Plan

- Negotiating: Service Katalog, SLA, OLA, UC

- Reporting: Service Achivement, Service Level Reports

- Service Improvement: Service Optimierungsprogramm

Die nächste Abbildung[30] stellt diese Zusammenhänge dar. Wenn die Kundenanfrage kommt, wird in erster Linie ermittelt, wie ein evtl. zu erstellender IT Service in der Kundenvorstellung aussieht. Diese Wunschvorstellung wird in Form von Service Anforderungen erfasst. Gibt es Service Anforderungen, so kann die IT Service Spezifikation erstellt werden. Aus dieser Spezifikation werden weitere Spezifikationen für die Subservices abgeleitet. Bei der CAM Verwendung werden die Entwürfe dieser Spezifikationen samt einem dazugehörenden Service Qualität Plan in einem Schritt maschinell erzeugt. Der Service Katalog ist eine der grundlegenden Voraussetzungen des serviceorientierten Ansatzes. Er muss von dem SLM Team kontinuierlich gepflegt werden. Die SLAs, OLAs und UCs werden für jeden zu erstellenden IT Service entworfen, verhandelt und verbindlich wahrgenommen. Wird ein IT Service erstellt, so wird es in dem Service Achivement erfasst, ob und inwieweit diese IT Service Lieferung ihre Ziele (SLAs) erreichte. Die Service Level Reports werden zyklisch erstellt und gelten als Produkt der IT Service Überwachung. Nach jedem SLM Prozess Cycle werden die Service Level Reports analysiert. Als Ergebnis dieser Analyse ergibt sich ein Service Optimierungsprogramm.

---

[29] Bra2005
[30] Köh2005, S. 131

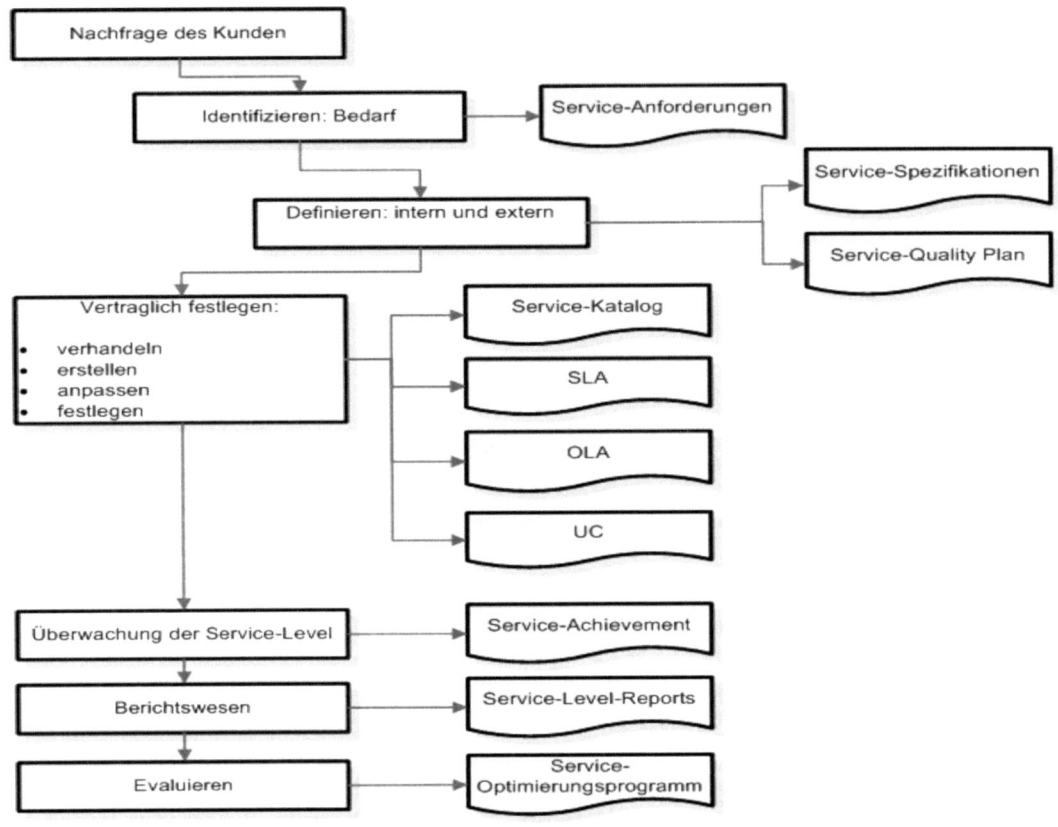

Abbildung 13: SLM Prozess und seine Objekte

Die nächste Tabelle ordnet die SLM Objekte den SLM Rollen, SLM Prozessphasen und dazugehörigen Aktivitäten zu. Dieser Zusammenhang wird als folgende Tupel erfasst: SLM Aktivität, dazugehörende SLM Objekt („:" wird als Trennzeichen verwendet). Die Nummerierung der SLM Aktivitäten entspricht der Nummerierung aus der Abbildung „SLM Rollen, Aktivitäten, Phasen".

	Prozessowner	Service Delivery Team	SLA Team	Prozessdept
Development	1: Service-Anforderungen	2: Service Spezifikationen	4: SLA, OLA, UC	3: Service Quality Plan
Negotiating	5: SLA, OLA, UC	5: SLA, OLA, UC	6: SLA, OLA, UC	
Reporting		13: Service Level Report	12: Service Achivement	
Improvement		14: Service Optimierungsprogramm		

Tabelle 2: SLA Objektzuordnung: Rolle, Phase, Aktivität

Aus der Tabelle wird es ersichtlich, wie SLA, OLA und UC als Produkt mehrerer Abstimmungsaktivitäten zustande kommen. Wichtig dabei ist die Reihenfolge, in der sie erzeugt werden. Nach der Abstimmung der SLAs werden zuerst die internen Möglichkeiten für die Unterstützung der Serviceerstellung überprüft und als OLAs erfasst. Die UCs werden als zusätzliche Vervollständigung der IT Subservices für die IT Service Erstellung abgeleitet. An dieser Stelle lässt sich der SLM Prozess durch das sinnvolle Outsourcing optimieren.

Abbildung 14: Grundregel der SLA, OLA und UC Definition[31]

2.7.1 Service Anforderungen

Als Service Anforderungen werden alle Kundenanforderungen zu einem von ihm gewünschten IT Service bezeichnet.[32]

2.7.2 Service Spezifikation

Jeder IT Service aus dem Service Katalog verfügt über eine fachtechnische Spezifikation. Solche Spezifikation bezeichnet man als Service Spezifikation. Nach diesen Spezifikationen liefern die internen und/ oder externen IT Fachabteilungen ihre (Sub)services.

2.7.3 Service Quality Plan

Für die garantierte Einhaltung von jedem vereinbarten IT Service erstellt man einen Plan, der alle dazu erforderlichen Aufgaben und Aktivitäten erfasst[33]. Es ist ein zentrales Werkzeug, das alle notwendigen Informationen zur Steuerung der IT Organisation sowie die Parameter für die SM Prozesse und das operative Management enthält. Dieser Plan wird für jeden Prozess durch seine Ziele und KPIs bestimmt.[34]

---

[31] itSMF2005, S. 199
[32] IWT2005
[33] IWT2005
[34] Köh2005, S. 129

2.7.4 Service Katalog

Der Service Katalog erfasst alle verfügbaren IT Services sowohl interner als auch externer IT Provider. Diese Servicebeschreibung vermeidet i.d.R. die zu technische Sprache, weil sie möglichst allgemein verständlich (vor allem für Kunden) sein muss[35]. Jeder IT Service verfügt hier über eine oder mehrere Providerzuordnungen. Die Menge aller lieferbaren IT Services aus dem Service Katalog wird als Operating Level Katalog[36] bezeichnet. Grundsätzlich werden die Service Levels für jeden verfügbaren IT Service in dem Operating Level Katalog definiert. Die IT Services in dem Operating Level Katalog werden mehrstufig beschrieben. Abhängig von jedem konkreten IT Service kann es bis fünf Strukturebenen einer IT Service Beschreibung geben. Es sind folgende:

1. GP Ebene beschreibt jeden GP, den der betroffene IT Service unterstützt

2. Applikationsebene beschreibt alle Applikationen eines betroffenen IT Service

3. Middleware Ebene beschreibt die evtl. benötigte Middleware des IT Services

4. Hosting Ebene enthält die erforderliche IT Service Hosting Spezifikation

5. Netzwerk Ebene enthält die erforderlichen IT Service Netzwerkanforderungen

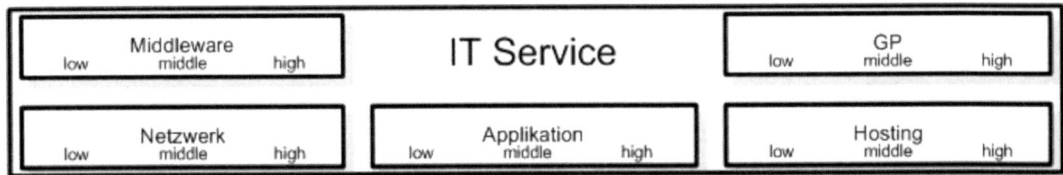

Abbildung 15: Operating Level Katalog

Es wird durch mehrere Service Level Einstellungen von den einzelnen IT Service Schichten bestimmt, welchen Service Level ein IT Service hat. So kann die IT Servicekonfiguration für eine erforderliche Einstellung des Service Levels sehr flexibel werden. Über die Konfiguration einzelner IT Subservices kann ein optimaler Umfang der IT Servicequalität erreicht werden, welcher in dem SLA vereinbart wird.

2.7.5 SLA, OLA, UC

Als SLA, OLA und UC werden vertraglich geregelte Beziehungen zwischen verschiedenen Parteien in dem IT Service Geschäft bezeichnet. Dabei ist es prinzipiell egal, ob man von den Dokumenten oder Beziehungen spricht, weil sie einander widerspiegeln. Die SLA, OLA und UC werden zwischen IT Dienstleistern und IT Kunden vereinbart. Unterschiede entstehen lediglich durch die Positionierung der IT Partner in der Erstellungskette von IT Services. Dies

---

[35] Köh2005, S. 136 - 137
[36] DeZ2003, S. 8

bestimmt grundsätzlich, um welchen Typ der Beziehungen oder SLM Verträge es dabei handelt[37]:

- SLA: IT-to-Customer (Vereinbarung mit einem Kunden)

- OLA: IT-to-IT (Vereinbarung mit einer internen IT Abteilung)

- UC: IT-to-Vendor (Vereinbarung mit einem externen IT Dienstleister)

Vertraglichkeit dieser Beziehungen gewährleistet, dass die gewünschten IT Services mit den gelieferten IT Services im Rahmen schriftlicher Übereinkünfte verbindlich und nachweisbar verglichen werden können. Gibt es eine vertragliche Vereinbarung, so weiß der IT Kunde ganz genau, in welcher Qualität und in welchem Umfang er die Produkte kauft. Dabei wird es ihm auch klar, mit welchem Aufwand sein IT Service zustande kommt. IT Dienstleister weiß auch, welche Produktqualität er liefern muss und kann seinen Serviceaufwand wirtschaftlich planen. Decken die vertraglichen Beziehungen alle einstellbaren Produktaspekte ab, so sind Missverständnisse ausgeschlossen, was zu sicheren geschäftlichen Partnerbeziehungen führen kann. Allgemein wird es empfohlen in den SLA, OLA und UC Vereinbarungen folgende zentrale Fragen zu stellen[38]:

- Welche Dienstleistungen und in welcher Form sollen erbracht werden?

- Stimmen die angebotenen IT Services mit dem Wunschbild überein?

- Welche Verbesserungspotenziale gibt es in vorhandenen Partnerbeziehungen?

- Wie sollen die IT Services gemessen werden?

- Welche Kriterien werden zur Qualitätsbeurteilung herangezogen?

- Was ist die Best Practice für die betroffenen IT Services in der IT Branche?

- Wie beeinflussen die gelieferten IT Services die Kosten in der IT Kundeninfrastruktur?

- Stimmt das Preis-Leistungsverhältnis?

In Bezug auf den SLM Prozess lassen sich die SLM Verträge folgendermaßen darstellen.

---

[37] itSMF2004, S. 125 - 130
[38] PWC2002

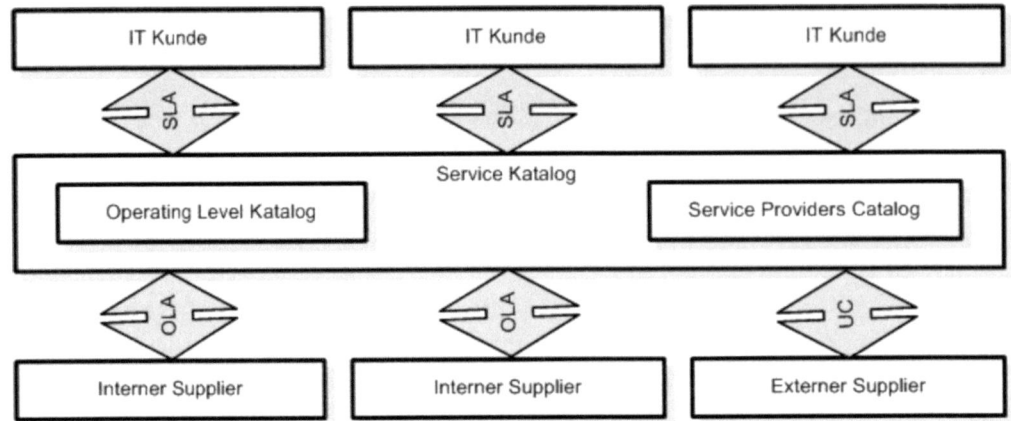

Abbildung 16: Vertragliche Beziehungen in dem SLM Prozess

Unter den vertraglichen SLM Aspekten findet man in der Regel folgende: kaufmännische Aspekte, technische Aspekte, juristische Aspekte, mitarbeiter- und kundenbezogene Aspekte. Allgemein werden folgende SLA, OLA und UC Bestandteile als Ergebnis der Verhandlungen empfohlen[39]:

- Einfache Beschreibung der IT Services anhand ihrer Merkmale (Kurzbeschreibungen)

- Service Level Kennzahlen (Definition, Messmethoden, Häufigkeit der Messung)

- Service Zeiten

- Verfügbarkeit, Sicherheit und Kontinuität

- Kunden- und Providerpflichten

- Sanktionen und Eskalationswege bei der Nicht-Einhaltung

- Kritische Geschäftszeiten und Ausnahmen (z.B. Feiertage)

Ein richtig funktionierender und ausreichend gepflegter Service Katalog kann eine automatisierte Erstellung/ Ableitung von den SLM Vertragsentwürfen wesentlich unterstützen. Wird ein SLA Entwurf erstellt, so kann man gleich die entsprechenden OLA und UC Entwürfe definieren.

Abbildung 17: Automatismus bei der SLM Vertragserstellung

---

[39] HolFra2005

Alle involvierten Services müssen dabei in das Schema eines bestellten Services über die vordefinierten Schnittstellen übernommen werden. Somit wird von Anfang an klar, an welchen Schnittstellen und in welchen Serviceprozessschritten jeder betroffene IT Service bereitgestellt werden muss. Außerdem entsteht eine Übersicht über die Messmöglichkeiten. Es bildet sich eine hervorragende Verhandlungsgrundlage in allen Fragen des Preis-Leistungs-Verhältnisses.

2.7.6 Service Reports

Dem IT Kunden und der IT Organisation werden regelmäßig Berichte über die realisierten Service Levels vorgelegt. Nach diesen Berichten wird der Erfüllungsgrad von vereinbarten Service Levels überwacht. Hierdurch erfahren die IT- und Kundenorganisation, ob die SLAs eingehalten wurden.[40] Für die IT Organisation sind es auch statische Standardberichte zum Monitoring des Ressourcenverbrauchs, Leistungsverrechnung, Ausnahmesituationen, flexible Ad-Hoc Analysen zur Beantwortung von besonderen Fragestellungen, Prognose- und Simulationsverfahren zur Unterstützung des Planungsprozesses usw.[41]

2.7.7 Service Achivement

Die in einem SLA definierten Service Levels werden kontinuierlich überwacht. Die tatsächlich realisierten Service Levels werden in einem Service Achivement dokumentiert. I.d.R. werden hier die Yield Prozessmetriken benutzt.[42]

2.7.8 Service Optimierungsprogramm

In der Regel läuft ein Service Optimierungsprogramm für jeden gelieferten IT Service in Form von einem Projekt. Solche Projekte lassen sich sehr effizient nach der Projektmanagementmethode PRINCE2 umsetzten. Es werden dabei alle Aktionen, Phasen und Meilensteine zur Verbesserung eines IT Services in einer ITIL Umgebung an die jeweiligen IT Service Gegebenheiten angepasst.

2.8 SLM Einbettung unter der ITIL

Das SLM wird als zentrale Funktion des SM[43] bzw. Königsdisziplin des IT Betriebes[44] angesehen. Es ist erheblich auf die Unterstützung durch die anderen Funktionen des SMs angewiesen. Über das SLM erfolgt die Kundenkommunikation, die aus den Gründen der Serviceorientierung des IT SMs ihre wichtigste Existenzvoraussetzung bildet. Will man sich das SLM unter der ITIL vorstellen, so ist es ohne eine komplexe Einbettung in die weiteren IT SM Funktionen unmöglich. Über das SLM läuft die IT Servicevereinbarung mit IT Kunden. Dann organisiert das SLM eine kundenanforderungskonforme IT Servicelieferung. Alle Serviceeinstellungen werden über das Change und Configuration Management veranlasst. Als

---

[40] Köh2005, S. 131 -132
[41] ORA2005
[42] Köh2005, S. 132
[43] Man2005, S. 131
[44] WoySch2005, S. 398

Grenzwerte für seine Serviceeinstellungen nimmt das SLM die Kundenanforderungen samt einem vorgeschlagenen Servicebudget und sagt, welche Verfügbarkeit eines betroffenen Services gewünscht wird. Dabei muss das SLM die Funktionen der Service Planung auf die operationellen Prozesse abstimmen. An dieser Stelle erfolgt eine komplexe integrierte Wirtschaftsplanung, welche die Lieferung eines gewünschten IT Services bezüglich Befriedigung seines Kapazitätsbedarfs betrachtet. Die nächste Abbildung stellt diesen Zusammenhang dar. Die ITIL Bücher sind mit Kreuzchen markiert, den Rest bilden die SM Funktionen außerhalb der ITIL Basis.

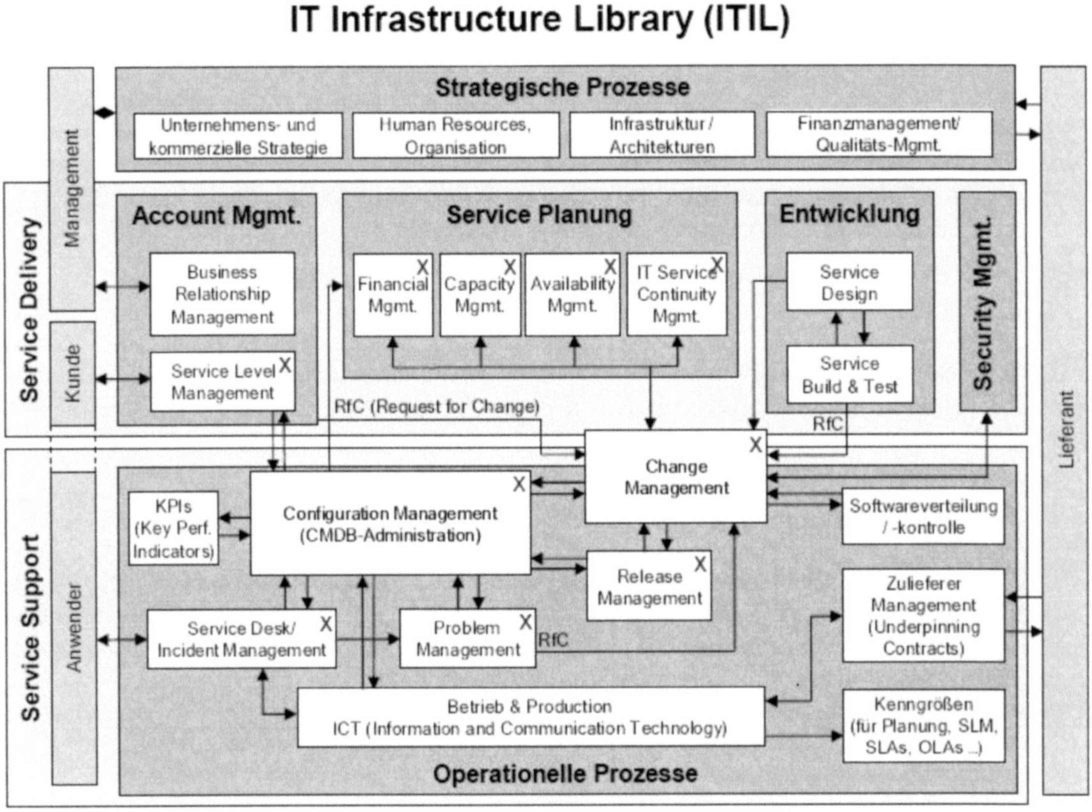

Abbildung 18: SLM Einbettung[45]

Unter den ITIL Modulen ist die SLM Einbettung exakt präzisierbar. Der Informationsbedarf aus den SLM Verträgen kann man über die SLM Schnittstellenbeziehungen zu den weiteren ITIL Modulen zur Beschreibung der operationellen Prozesse und Service Planung feststellen. Für die Praxis muss dieser Informationsbedarf lokalisiert und als SLM Systemintegration niedergeschrieben werden. Im Grunde genommen verfügt das SLM über die Verbindungen zu allen Modulen der ITIL Basis samt der ITIL Funktion Service Desk. Diese Verbindungen sind nicht immer direkt und gehen manchmal über mehrere ITIL Module hinweg. Aus diesem Grund muss man in dem SLM mehrere ITIL Module und ihre Wechselwirkungen mit dem SLM berücksichtigen. Aus diesem Grund ist es wichtig zu wissen, wie diese Zusammenhänge auf der Datenflussebene den SLM Informationsbedarf abdecken.

---

[45] Sag2005, S. 16

42

2.8.1 SLM Beziehungen

Die SLM Beziehungen erstrecken sich über mehrere ITIL Module und die Service Desk Funktion. Der folgende kurze Überblick erläutert diese Beziehungen[46].

- Beziehungen zu der Service Desk Funktion. Als SPOC für alle Anwender sorgt diese Funktion für die Kanalisierung aller Anwenderanfragen. Anfragen und Beschwerden werden aufgenommen und in Form von Statistikberichten dem SLM zur Verfügung gestellt. Diese Informationen sollte jeder SLM Verwalter beim Verhandeln und Formulieren der Service Anforderungen seiner Kunden berücksichtigen.

- Beziehungen zu dem Incident Management. Es wird bei Störungen für eine schnelle Wiederherstellung der IT Services gesorgt. Es hat direkte Auswirkungen auf die Verfügbarkeit in verschiedenen Service Levels. Für das SLM sind die Informationen, wann welche Services wie häufig ausgefallen sind, wichtig, um die Qualität des betroffenen Services zielgerecht im Rahmen des Service Quality Plans zu verbessern.

- Beziehungen zu dem Configuration Management. Jeder SLA wird als Konfigurationselement in der CMDB erfasst. Durch die Beziehungen in der CMDB können die relevanten SLAs zu einem anderen Konfigurationselement schnell festgestellt werden. Das Configuration Management sorgt so für einen schnellen Informationsfluss und somit indirekt für die Beachtung und Einhaltung der SLAs.

- Beziehungen zu dem Availability Management. Das Availability Management ist für die Realisierung und Optimierung der Verfügbarkeit der IT Services zuständig. Die Verfügbarkeit ist einer der am häufigsten verwendeten Service Levels. Das Availability Management hilft, diesen Service Level einzuhalten, ihn für geplante Services zu berechnen und bei realisierten Services zu quantifizieren.

- Beziehungen zu dem Capacity Management. Es beschäftigt sich mit dem Management der Kapazität aller für die IT Services benötigten IT Infrastrukturkomponenten. Zu diesem Zweck wird ein Capacity Plan gepflegt, der alle Informationen zur gültigen Zusammensetzung der Infrastruktur sowie Planungen für die Zukunft enthält. Das Capacity Management liefert die SLM Informationen, welche Kapazitäten für die Erstellung welcher Services verwendet werden. Das SLM liefert dem Capacity Management Informationen über die aktuellen und künftigen Services. Diese Informationen sind für eine genaue Kapazitätsplanung unerlässlich.

- Beziehungen zu dem Change Management. In jedem SLA kann festgehalten werden, welche Änderungen die Kundenorganisation einreichen kann und welche Vereinbarungen bezüglich der Änderungen eingehalten werden sollen (wo werden Änderungen eingereicht, Zeitbedarf, Kosten, Workflowinformationen). Zudem können solche Änderungen ihre weiteren Folgen für die vereinbarten SLAs haben. Die erforderlichen Änderungen eines Services und eines dazugehörigen SLAs werden von dem Change Management erfasst. Da jeder SLA ein Konfigurationselement ist, gilt es grundsätzlich jede Änderung eines SLAs unter Kontrolle des Change Managements zu stellen.

---

[46] Köh2005, S. 132 - 134

- Beziehungen zu dem Continuity Management. Aufgabe des Continuity Managements ist die schnelle Wiederherstellung eines IT Services nach evtl. Notfällen sowie die Vorbereitung und Überwachung aller vorbeugenden Maßnahmen und Verfahren. Alle diesbezüglichen Kundenvereinbarungen werden neben den gewünschten Maßnahmen und damit verbundenen Kosten in SLAs festgehalten. Insbesondere bei der Verhandlung von den UCs müssen die Kontinuitätspläne der eigenen IT Organisation sowie externen Dienstleisters aufeinander abgestimmt werden.

- Beziehungen zu dem Security Management. Sicherheitsaspekte wie Vertraulichkeit und Datenintegrität sind für jede IT Service Beschreibung wichtig. Daher werden sie in den SLAs niedergeschrieben. Das Security Management übernimmt die Realisierung und Überwachung der Sicherheitsvereinbarungen und lässt dem SLM diesbezüglich Berichte zukommen.

- Beziehungen zu dem Financial Management. Das Financial Management stellt dem SLM im Rahmen der Kostenrechnung Informationen über die Kosten der Service Lieferung zur Verfügung. So werden die Soll- Ist- und Plan-Kosten berechnet. Diese Information ist bei jeder SLA Verhandlung und jeder IT Service Lieferung sehr wichtig.

2.8.2 SLM Kommunikation in einer ITIL Umgebung

Die ganze Datenkommunikation zwischen dem SLM, der Service Desk Funktion und weiteren ITIL Modulen erfolgt nicht direkt zwischen diesen Objekten sondern läuft zentralisiert über die CMDB. So konfiguriert das SLM die gewünschten Services über die CMDB und kann jederzeit eine beliebige Servicesimulation durchführen. Solche Simulationen können im Weiteren als transformierbare SLA Verhandlungsgrundlagen benutzt werden. Entspricht eine Servicesimulation allen Kundenanforderungen nach seiner Service Spezifikation, so gilt eine dazugehörige SLA Simulation zuerst als ein SLA Entwurf. Aus dem entsprechenden Service Katalog leitet man dann die SLM Verträge wie OLA und UC ab. Grundlegende Voraussetzung für diesen Ablauf ist eine ausreichend konfigurierte und gepflegte CMDB. Aus diesem Grund ist es wichtig, wie das SLM auf der ITIL Basis über die CMDB mit seiner ITIL Umgebung kommuniziert.

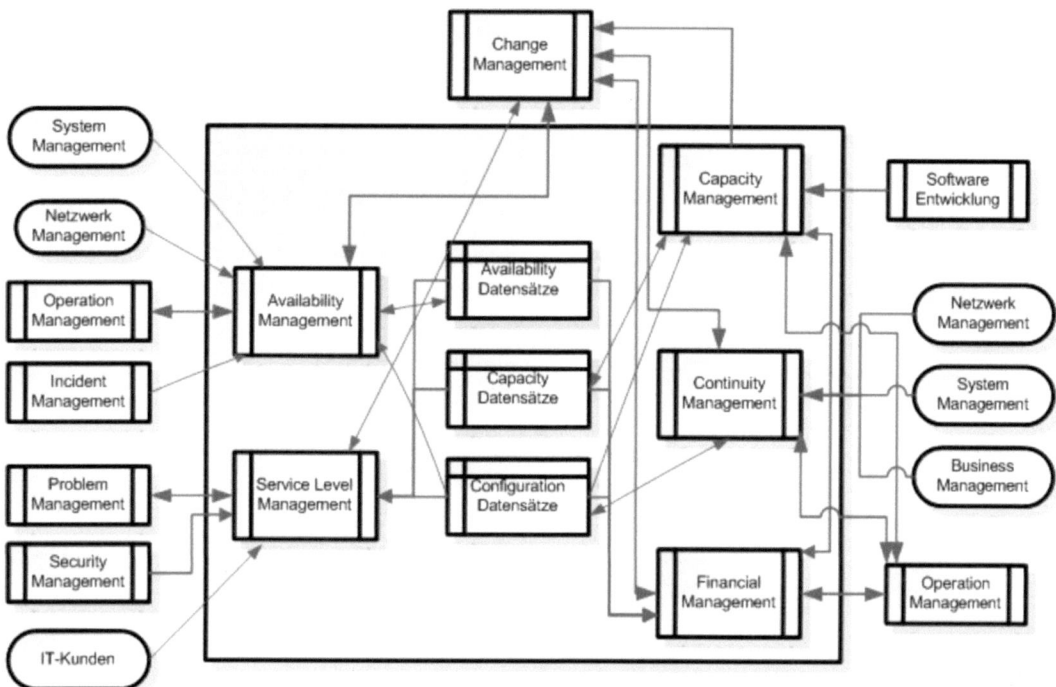

Abbildung 19: SLM Datenflüsse

Als Verhandlungs- und Servicekonfigurationsbasis stehen dem SLM über den Service Katalog sämtliche Datensätze des Service Delivery Bereiches zur Verfügung. Aufgrund von diesen Datensätzen kann man jeden Service aus den Sichten seiner Verfügbarkeit, SW und HW Architektur und Kapazitätsinanspruchnahme frei innerhalb vorgegebenen Grenzwerten halten. Für jede Servicesimulation werden die Change Management Datensätze angesprochen. Somit wird die ATP Prüfung angestoßen und alle Wechselwirkungen für die Service Lieferung nach den gestellten Anforderungen ermittelt. Solche ATP Prüfung ist bei den SLA Verhandlungen sehr hilfreich. Außer der ATP Prüfung ist auch das Einschalten einer BSC möglich, um die angestrebten SLAs präziser auf die Unternehmensstrategie abstimmen zu können. Ist das Service Support Bereich schon als System implementiert, so kann das SLM bei seinen Kundenverhandlungen auch mit aussagekräftigen Berichten des Problem Managements unterstützt werden. Führen die Serviceverhandlungen zu einem Serviceauftragabschluss, so werden von dem SLM die SLAs als abgeschlossen über das Change Management an die CMDB zurückgemeldet. Diese Information schlägt über die Capacity-, Configuration- und Availability Datensätze durch und aktualisiert deren Systemstatus.

Die nächste Tabelle zeigt, welche Informationen der SLM Prozess aus dem Service Desk und weiteren ITIL Basis Modulen bezieht. In dieser Tabelle werden diese Informationen in der Spalte SLM Input für die Service Desk Funktion und andere mit dem SLM direkt zusammen-hängende ITIL Module erfasst. Die Spalte SLM Output enthält die Informationen, mit denen das SLM seine ITIL Umgebung versorgt.

ITIL Objekte	SLM Input	SLM Output
Service Desk (zusammen mit dem Problem Management)	Bericht: Anfragen und Beschwerden für jeden IT Service Ziel: Formulierung der SLR	SL Support Anforderungen, Service Quality Plan
Incident Management (zusammen mit dem Problem Management)	Berichte: 1) Nicht zum standardmäßigen Betrieb gehörende tatsächliche oder potenzielle Unterbrechung oder Minderung der Servicequalität 2) Incident Records: Dokumentierte Supportanforderungen 3) behobene und unbehobene Störungen gegenüber Benutzer 4) Bekannte Fehler 5) Capacity und Availability Events Ziel: Service Quality Plan Erstellung bzw. Verbesserung	SL Support Anforderungen, Service Quality Plan
Configuration Management	SLA Konfiguration Ziel: SLA Entwurf als Verhandlungsgrundlage	Service Katalog
Capacity Management	Kapazitätsanforderungen für die Erstellung eines Services Ziel: Kapazitätsplanung	Ressourcenabschätzung für die bekannten Services (aktuell und künftig)
Change Management	Aussage über die Möglichkeit der Servicelieferung Ziel: ATP Prüfung	SLA vereinbarte Service Änderungsmöglichkeiten
Continuity Management	Gewünschte Notfallmaßnahmen Ziel: Ausreichende Absicherung der Erbringung eines betroffenen Services	Notfallplan
Security Management	Beschreibung der Sicherheitsaspekte für jeden Service, Berichte über die Einhaltung der Sicherheitsvereinbarungen Ziel: Vertraulichkeit und Datenintegrität eines betroffenen Services als Verhandlungsgrundlage	SLA Anforderungen
Financial Management	Servicekostenprofile, Servicepreislisten, Servicekostenberichte Ziel: Entscheidungsgrundlage für die Serviceerbringung	Informationen aus den SLM Vereinbarungen: SLA, OLA, UC
Availability Management	Verfügbarkeitsdefinitionen Ziel: Verhandlungsgrundlage	SLA vereinbarte Verfügbarkeitsanforderungen

Tabelle 3: SLM Prozess Inputs und Outputs in einer ITIL Umgebung

Betrachtet man diese Tabelle, so wird es klar, wie die SLA, OLA und UC in einer ITIL Umgebung realisiert werden. Folgende Zusammenhänge der ITIL Basis mit dem SLM sind dabei zu berücksichtigen:

- Service Problemberichte. Geliefert von dem Problem-, Incident Management und Service Desk

- Kostenberichte. Geliefert von dem Finance Management.

- Service Quality Plan. Erstellung erfolgt innerhalb des SLMs.

- Service Katalog und Operating Level Katalog. Erstellung erfolgt innerhalb des SLMs.

- Service Notfallplan. Erstellung erfolgt innerhalb des SLMs.

- Ressourcenbericht (Kapazität, Verfügbarkeit). Geliefert von den Capacity- und Availability Management.

- Sicherheitsberichte. Geliefert von dem Security Management.

Fehlt mindestens einer dieser SLA Grundlagen, so entsteht ein Risiko, dass das SLM wesentlich an seiner Effizienz verliert. Das Eintreten von negativen Effekten wie z.B. Service Loss Chain wäre dabei denkbar.

3 Aufbau der SLM Vereinbarungen

3.1 SLM Modell zur SLA Erstellung

Es ist eine wichtige Anforderung an jedes SLM Modell zur SLA Erstellung, dass es drei aufeinanderbezogene Ebenen vereint: operatives Datenmanagement, Leistungsverrechnung und Kostenzuordnung sowie strategische Steuerung der IT Services. Diese Anforderung gilt unabhängig davon, ob die Dienstleistungen von einem internen oder externen Provider erbracht werden[47]. Auf der Ebene des operativen Datenmanagements erfolgt die Integration und Konsolidierung von sämtlichen IT Service Daten aus unterschiedlichen Plattformen und Systemen. Basierend auf diesen Daten wird die Leistungsverrechnung und Kostenzuordnung durchgeführt. Mit dieser IT Service Verrechnung wird die Kostenaufschlüsselung sowie Umlage durchgeführt. Die Kostentransparenz von IT Services steht dabei in dem Vordergrund. Auf der Ebene der strategischen Steuerung der IT Services werden sämtliche Zusammenhänge zwischen GP, technologischen und betriebswirtschaftlichen Daten von IT Services ermittelt und zu einer gewünschten Art und Weise ihres Zusammenwirkens gebracht. Bei jeder SLA Implementierung sind diese drei Ebenen zu berücksichtigen.

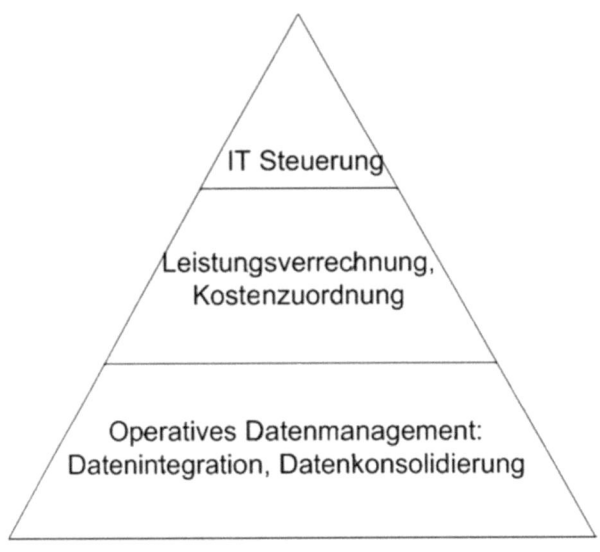

Abbildung 20: SLM Modell zur SLA Erstellung[48]

3.1.1 Operatives Datenmanagement

Operatives Datenmanagement hat zum Ziel, die IT Performance im Unternehmen umfassend darzustellen.[49] Als Grundvoraussetzung dafür dient die Datenhomogenität. Jede Datenpersistenz muss dabei systemweit behoben werden. So wird es erforderlich alle unternehmensweiten oder sogar unternehmensübergreifenden Leistungsdaten aus unterschiedlichen Systemen und Plattformen zu homogenisieren und einheitlich zu strukturieren. In dem SLM Prozess ist

---

[47] BerManLewSch2003, S. 50 - 52
[48] BerManLewSch2003, S. 52
[49] Edl2005, S. 100 - 105

es für die Implementierung der SLM Phase Reporting unentbehrlich. Bei dieser Reportinggestaltung ist zu berücksichtigen, um was für eine Ebene des IT Service Reportings es geht und aus welcher Perspektive (in Bezug auf den SLM Prozess: Prozessowner (und Kunde), Service Delivery Team, SLA Team (und Vendor), Prozessdept es betrachtet werden muss. Die Grundlage für jede Reportingperspektive wird von einem umfassenden BDE-System gebildet[50]. Die Homogenisierung aller Leistungsdaten erfolgt i.d.R. über ein ETL Prozess. Hier bietet sich in den meisten Fällen der Einsatz eines Data Warehouse[51] als angemessen an. Er ermöglicht parallele Zugriffe auf die archivierten Leistungsdaten aller wichtigen Systeme wie Server, Netzwerke, Datenbanken und Applikationen und erzeugt daraus eine konsistente, hochwertige Datenbasis des SLM Reportings. Aus den zusammengeführten Leistungsdaten der IT lassen sich diverse KPIs ableiten, die alle nötigen Auskünfte über die Soll-Ist-Situation sämtlicher SLA Parameter geben.[52]

3.1.2 Leistungsverrechnung und Kostenzuordnung

Die IT Service KPIs allein reichen nicht aus, um den SLM Prozess effizient genug managen zu können. Wichtig ist es nicht nur die SLAs einzuhalten, sondern auch die ganze IT Dienstleistungserbringung aus kommerzieller Perspektive möglichst optimal zu organisieren. Um die Kostenseite in Griff zu bekommen, müssen die IT Kunden mit allen entstandenen Unternehmenskosten möglichst verursachergerecht belastet werden. Es entsteht dann eine Herausforderung für alle SLM Prozessbeteiligten, ihre Referenzstruktur des Controllings zu bestimmen.[53] Primär sind in diesem Fall folgende Fragen zu beantworten:

- Welche Service Level beeinflussen welche Kostenarten?

- Welche Kostenarten stellen die größten Kostentreiber dar?

- Welche Kostentreiber werden durch die interne IT Abteilungen und welche durch die externen Service Provider beeinflusst?

- Welche Personalressourcen für Dienste, Anwendungen und Systeme sind notwendig, um die geforderten SLAs erfüllen zu können?

- Welches Modell ist für die Verrechnung der IT Services am besten geeignet?

- Welche Anforderungen ergeben sich an die Form der Rechnungsdarstellung durch den Service Provider?

Können diese Fragen klar beantwortet werden, so steht der Umsetzung der Leistungsverrechnung und Kostenzuordnung nichts im Wege.

---

[50] PasSch2005
[51] Stei2005
[52] BerManLewSch2003, S. 54
[53] Kir2005

3.1.3 IT Steuerung

Die IT Steuerung erfolgt auf der strategischen Ebene des SLMs. Sie bindet die SLM Prozesse der IT Serviceerstellung in ein umfassendes Controlling- und Steuerungssystem ein. Das Ziel ist dabei sämtliche Zusammenhänge zwischen der IT und eigenen GPs offen zu legen. Somit können die Wertschöpfungspotenziale der IT besser erkannt und technologiebedingte GP Schwachstellen identifiziert werden. Allein die technischen und betriebswirtschaftlichen KPIs reichen für diese Aufgabe nicht aus. Grundsätzlich gibt es zwei Gründe dafür:

- Zum einen muss dieser Ansatz diverse Wechselwirkungen zwischen der IT und anderen Management Disziplinen berücksichtigen und alle strategischen Potenziale aufspüren.

- Zum anderen werden auf solchem Wege lediglich die Status Quo Informationen, anstatt zukunftsorientierter Trendanalysen oder Frühwarnungen erkannt.

So muss die IT Steuerung eine sichere Grundlage für proaktives Handeln des Managements bilden sowie dieses möglichst optimal auf die neuen Herausforderungen des Marktes, Geschäftsfelder oder Prozesse ausrichten.[54] Auf der strategischen Ebene des SLMs stehen nicht nur die einzelnen Kennzahlen und Indikatoren, sondern auch die Geschäftsprozesse im Fokus. Das Steuerungs- und Controlling System zielt darauf, der Unternehmensführung das notwendige Wissen bereit zu stellen, mit dem der Erfolg von IT Strategien überprüft und evtl. evaluiert werden kann. Moderne SLM Systeme nutzen das Konzept der BSC als strategisches IT Steuerungswerkzeug. Dazu werden auch nicht-technologische oder nicht-betriebswirtschaftliche, prozessbezogene Faktoren wie etwa die Mitarbeiter- und Kundenzufriedenheit in das SLM einbezogen, denn über diese subjektiven Parameter lässt sich der Erfolg einer IT Strategie auch erkennen. Die BSC unterstützt das Management nicht nur bei einer ganzheitlichen Betrachtung der IT Services anhand von verschiedenen Perspektiven, sondern geht noch einen Schritt weiter: es legt die Ursachen-Wirkungs-Beziehungen zwischen den technologischen Kennzahlen, den betriebswirtschaftlichen Indikatoren und den prozess- bzw. anwenderbezogenen Parametern offen. So kann man die strategische Bedeutung für jeden gelieferten IT Service genau abschätzen und die dazugehörigen SLM Prozesse vernetzt steuern. Auf diesem Wege kann eine maximale Transparenz der IT Strategie eines gesamten IT Unternehmens gewährleistet werden.[55]

3.2 Anforderungen an die SLM Vereinbarungen

Die hohe Komplexität der SLM Steuerung kann nur mithilfe von SLM Verträgen bewältigt werden. Es bedarf eines strukturierten Vorgehens bei der Vertragsbildung. Die allgemeinen Anforderungen an die SLM Verträge lassen sich in die folgenden Gruppen einteilen: SLA Gestaltung, Kennzahlen, Messverfahren, Service Levels, Konsequenzen bei evtl. Abweichungen, Management[56]. Im Weiteren werden die einzelnen SLA Anforderungen näher erklärt. Sie werden als Basis für die weitere Entwicklung der SLM Vertragsbasis genutzt. Diese Anforderungen beschreiben, was in der Praxis von dem SLM Vorgehen erwartet wird. So wird es transparent, welche Themen in den SLM Vereinbarungen geklärt werden müssen. Als Weiteres lassen die einzelnen Anforderungen ihre evtl. Nichterfüllungsrisiken erkennen.

---

[54] BerManLewSch2003, S. 55-58
[55] sehr ausführlich s. Bas2001
[56] Ber2005, S.425 - 428

3.2.1 SLM Vertragsgestaltung

Ein SLM Vertrag muss:

A1: Die zu regelnden IT Services exakt beschreiben und abgrenzen und so eine klare und eindeutige Definition der zu erbringenden Dienstleistungen leisten (eindeutige Dienstleistungsspezifikation)

A2: Eine zweckmäßige Standardisierung der zu regelnden Dienstleistungen zwecks Reduktion der Komplexität und Ermöglichung der Kosteneinsparung schaffen

A3: Kennzahlen zur Bewertung der relevanten Qualitätsdimensionen der IT Services definieren

A4: Die Methode zur Ermittlung der Werte dieser Kennzahlen festlegen und hinreichend detailliert beschreiben

A5: Service Levels beruhend auf diesen Kennzahlen definieren

A6: Konsequenzen bei Abweichungen (Nichteinhaltung und/oder Übererfüllung) der Service Levels als Mittel zur Sicherstellung der Einhaltung der Vereinbarung festlegen

A7: Verrechnungspreise je Dienstleistung und Verrechnungseinheit in Abhängigkeit von den Service Levels definieren, so dass die Kosten der Inanspruchnahme einer Dienstleistung für den Kunden transparent werden

A8: Ein Berichtswesen definieren, welche Auskunft über die Einhaltung der Service Levels gibt

A9: Verfahren zur Lösung von Konflikten zwischen den Partnern definieren (Eskalationsverfahren)

A10: Verfahren zur Überprüfung und Anpassung der Regelungen des SLAs festlegen

A11: Sich an der Sichtweise und den Anforderungen der Kunden orientieren (Kundenperspektive, Kundenorientierung)

A12: Klar und übersichtlich aufgebaut sein (Lesbarkeit), d.h. insbesondere auch eine klare und nachvollziehbare Strukturierung aufweisen

A13: Für alle Beteiligten verständlich sein (Verständlichkeit)

A14: Alle erforderlichen Informationen zur Regelung der Erbringung der Dienstleistungen im Verhältnis zwischen Kunden und Dienstleister definieren (Vollständigkeit)

A15: Einen dem Zweck der Vereinbarung angemessenen Detaillierungsgrad aufweisen

A16: Zur Vermeidung von Missverständnissen verwendete Begriffe eindeutig definieren (Eindeutigkeit) und in einheitlicher Weise verwenden, d.h. auch klare und eindeutige Regelungen beinhalten und interpretationsfähige Formulierungen vermeiden,

A17: Zu erreichende Ziele definieren (und den Weg der Zielerreichung möglichst offen lassen)

3.2.2 Kennzahlen

Die Kennzahlen eines SLM Vertrages müssen:

A18: Vollständig definiert sein

A19: Relevant in Bezug auf den Nutzen der Dienstleistung sein

A20: Einen Proportionalen oder stetig steigenden/fallenden funktionalen Zusammenhang zum Sachverhalt, der ausgedrückt werden soll aufweisen

A21: Aussagekräftig für den Kunden sein

A22: Vollständig beeinflussbar durch den Dienstleister sein

A23: Wirtschaftlich sein

3.2.3 Messverfahren

Die Messverfahren zur Überwachung der Erfüllung eines SLM Vertrages müssen:

A24: Objektiv sein

A25: Kontrollierbar durch beide Partner sein

A26: Zuverlässig sein

A27: Genau sein

A28: Kostengünstig (wirtschaftlich) sein

3.2.4 Service Levels

Die vereinbarten Service Levels müssen der Höhe nach:

A29: Realistisch erfüllbar sein

A30: Wirtschaftlich sein

3.2.5 Konsequenzen bei Abweichungen

Folgende Anforderungen sind an formale Konsequenzen zu stellen:

A31: Formale Konsequenzen sind so zu spezifizieren, dass eine eindeutige und klare Anwendung dieser Bestimmungen möglich ist. Insbesondere ist exakt zu definieren unter welchen Bedingungen eine formale Konsequenz zur Anwendung kommen soll und welcher Art diese Konsequenz ist (Exakte Definition von Konsequenzen).

A32: Das Zutreffen der Bedingung (als Auslöser einer Konsequenz) muss eindeutig und objektiv überprüft werden können, um Konflikte zwischen den Partnern zu vermeiden (Eindeutigkeit und objektive Überprüfbarkeit von Bedingungen/ Auslösern).

A33: Sofern finanzielle Ausgleichszahlungen als Konsequenz vereinbart werden, so sind die Berechnungsweise und die Bemessungsgrundlage dieser Zahlungen exakt zu spezifizieren (Exakte Definition von Berechnungsformeln bei finanziellen Konsequenzen).

A34: Der Aufwand für die Ermittlung formaler Konsequenzen muss in einem angemessen Verhältnis zu deren Nutzen stehen (Wirtschaftlichkeit und Angemessenheit der Ermittlung).

A35: Als eine (letzte) Konsequenz aufgrund einer anhaltenden Verletzung von Service-Levels sollte jedes SLA für den Kunden das Recht zu einer außerordentlichen Kündigung einräumen (Sonderkündigungsrecht).

A36: Art und Höhe formaler Konsequenzen müssen in einem angemessenen Verhältnis zu einer zugrunde liegenden Abweichung von Service Levels liegen.

A37: Formale Konsequenzen müssen deren Art und Höhe nach ausreichend sein, um zur Sicherstellung der Einhaltung der Service Levels dienen zu können.

3.2.6 Management

A38: Enge Kooperation zwischen Dienstleister und Kunde bei der Erstellung und Weiterentwicklung der SLM Verträge

A39: Exakte Identifikation der Anforderungen des Kunden

A40: Partnerschaftliches Verhältnis zwischen Kunde und Dienstleister bei der Erstellung und Nutzung eines SLAs

A41: Adäquate und vollständige Kommunikation der in einem SLA vereinbarten Bestimmungen (insbesondere der Service-Levels) an die davon betroffenen Bereiche.

A42: Regelmäßige Kontrolle der Einhaltung der Service-Levels

A43: Regelmäßige Kommunikation erreichter Service-Levels

A44: Steuerung der Dienstleistungserbringung im Hinblick auf die Service Levels Einhaltung

A45: Regelmäßige Überprüfung und ggf. Anpassung des SLAs an veränderte Gegebenheiten

A46: Berücksichtigung (bzw. ständige Überprüfung) des Aspekts der Wirtschaftlichkeit und Angemessenheit der Bestimmungen eines SLAs in allen Phasen des Einsatzes dieses Instruments (Vermeidung einer Überregulierung)

3.3 Aufbau der SLM Vereinbarungen

3.3.1 Struktur der SLM Verträge

Grundsätzlich verfügt jede SLM Vereinbarung über folgende Inhalte[57]:

1) Allgemeine Vereinbarungen

2) Funktionalität und Performance

3) Monitoring und Berichtswesen

4) Kunden Support

Jede inhaltliche Einheit kann aus mehreren Themen bestehen. In der SLA Einführungsphase kann man diese inhaltlichen Zusammenhänge als Grundtemplate nehmen und mit den entsprechenden Unternehmensinformationen befüllen. Erweiterungen sowie Aufschlüsselung dieser Inhalte sind i.d.R. unternehmens- und servicespezifisch zu gestalten. Nach dem SM Qualitätskreis können kontinuierlich noch weitere Verbesserungen dazu kommen. Gelten solche Verbesserungen allgemein und nicht nur unbedingt für einen konkreten Service, so kann sie in die Basis (Grundtemplate) übernommen werden. Somit wird das allgemeine Vererbungskonzept[58] für die Entwicklung der SLM Vertragstemplates wirksam. Alle Inhalte der SLM Verträge unterliegen einem komplexen System, welches über mehrere Zusammenhänge verfügt und die ganze IT Service Lieferung steuert. Erkennt man diese Zusammenhänge, so bekommt man ein sicheres Verfahren zur SLM Vertragsbildung. Die nächsten vier Tabellen stellen eine typische Aufschlüsselung[59] der SLM Verträge dar.

---

[57] Ber2005, S.438 – 450; Fel2005; KneHäuBau2002, S. 615
[58] Ull2005
[59] Ber2005, Anhänge A, B, C; Kae2004; Fel2005

Inhalt	Thema	Mögliche Aufschlüsselung
allgemeine Vereinbarungen	Vertragsdauer/Kündigung	Inkrafttreten
		Laufzeit
		Beendigung
	Vertragsänderung	Regelungen für SLA Änderungen während der Laufzeit
		Regelungen für SLA Änderungen außerhalb der Laufzeit
		Verfahren bei SLA Änderungen
	Vergütung	Verfahren zur Rechnungserstellung
		Zahlungsmodalitäten
		Preisgleitklauseln
		Preis- bzw. Kosteninformation
	Partner	Non-Repudiation
		Kontaktinformationen
	Vertragsgegenstand	Kurzbeschreibung der Dienstleistungen
		Service Level
		Detaillierte Beschreibung der Dienstleistungen (inkl. Subservices)
		Darstellung der Serviceerbringung (Prozessbeschreibung)
		Unterstützte HW/ SW
		Unterstütztes IV Verfahren (Prozessbeschreibung)
	Leistungen des IT Service Anbieters	Rahmenbedingungen der Dienstleistungserbringung
		Abgrenzung der Dienstleistung gegenüber anderen Dienstleistungen
	Rechte und Pflichten	Rechte und Pflichten des Kunden
		Rechte und Pflichten des IT Service Anbieters
		Urheberrechte
		Rechtsweg
	Juristische Elemente	SLA Geltungsbereich
		Eskalationsverfahren
		Gerichtsstand
		Datenschutz
		Gewährleistung und Haftung
		Konsequenzen bei Nichterfüllung
	Diverses	Inhaltsverzeichnis
		Begriffsdefinitionen/ Glossar
		Änderungsindex

Tabelle 4: SLA allgemeine Vereinbarungen

Unter allgemeinen Vereinbarungen werden solche Fragen geregelt, die die angestrebten geschäftlichen Partnerbeziehungen möglichst eindeutig und verbindlich klären und regeln. Hier muss der Vertragsgegenstand und sein Umfang eindeutig und allgemein verständlich definiert werden. Die eindeutige Interpretation aller Begriffe kann man mit einem Glossar unterstützen. Von besonderer Bedeutung wird die Klärung sämtlicher Verbindlichkeiten (Rechte, Pflichten, Eskalations- und Kontaktwege, Konsequenzen bei Nichterfüllung, usw.). Allgemeine Einstufung eines vereinbarten Service Levels (z.B. low/ middle/ high bzw. bronze/ silver/ gold usw.) muss hier auch definiert werden. Die Vergütungsfragen, Zahlungs- modalitäten und Preisbildung in den Kundenrechnungen müssen transparent dargestellt werden. Allgemein stammen diese Inhalte aus der administrativ-organisatorischen Ebene von beiden Geschäftspartnern. Zur Vermeidung der Verantwortungsdiffusion betreffen diese Inhalte i.d.R. keine dritte Seite.

Inhalt	Thema	Mögliche Aufschlüsselung
Funktionalität und Performance	Service Funktionalität	Ziele des SLA
		Detaillierte Service Beschreibung
		Detaillierte Serviceanforderungen
		Kundenerwartungen
		Notwendige Service Level Voraussetzungen
		Restriktionen zur Einhaltung von Service Levels
	Performance	Service Reaktionszeiten
		Beschreibung der erforderlichen Infrastruktur (Netz- werk, Routers, usw.)
	Verfügbarkeit	Durchschnittliche Verfügbarkeit
		Max. mögliche Ausfallzeit
		Max. Anzahl möglicher Ausfälle pro Periode
		Wartungsfenster
	Reliability	Physische Robustheit (z.B. Bitfehler pro Periode/ Menge)
	Security	Verschlüsselungsmethoden
		Passwörter
		Datenintegrität
		Datenauthentizität
		Datenkonfidenz

Tabelle 5: SLA Funktionalität und Performance

Diese Inhalte gehen grundsätzlich auf den Operating Level Katalog zurück. Sie definieren die Servicezusammensetzung auf allen betroffenen Ebenen des Operating Level Katalogs aufgrund von verfügbaren Konfigurationseinstellungen für jeden einzelnen Subservice. Diese Zusammenhänge sind für die Servicezusammensetzung wichtig.

Inhalt	Thema	Mögliche Aufschlüsselung
Monitoring	Service Indikators	Definition der Kennzahlen
		Definition der Messverfahren
		Regelung der Berichtsinhalten zum SLA Nachweis
		SLA Audits
		Berichtsperioden
	Berichtswesenperioden	Perioden im Berichtswesen
		Perioden im Monitoring

Tabelle 6: SLA Monitoring und Berichtswesen

Nach der Zusammensetzung eines gewünschten IT Services aus mehreren Subservices muss das entsprechende Berichtswesen an die Kundenanforderungen und Serviceerstellungsprozess angepasst werden. Wichtig ist, diese Inhalte konsequent mit den Punkten „allgemeine Vereinbarungen", „Funktonalität und Performance" und „Kunden Support" in Balance zu bringen. Diese Inhalte haben eine komplexe Struktur. Generell besteht diese Struktur aus diversen Aspekten der Kundenanforderungen und Angaben des Service Level Katalogs.

Inhalt	Thema	Mögliche Aufschlüsselung
Kunden Support	Verantwortung und Sanktionen)	Sanktionen bei Service Mangeln
		Formale Konsequenzen bei Abweichungen von Service Levels (Über/ Untererfüllung)
		Konventionalstrafen
	Servicewiederherstellung	Notfallplan
		Max. zulässige Zeit für Servicewiederherstellung
	Problemeskalation	Eskalationen bei evtl. Streitfällen
		Max. mögliche Ausfallzeit
	Benutzerhilfe	Definition des SPOCs (z.B. Help Desk)
		Umfang evtl. Möglicher Benutzerhilfe (Verfügbarkeit des Incident- und Problemmanagements)

Tabelle 7: SLA Kundensupport

Ist ein gewünschter IT Service zusammengestellt, so wird sein Erstellungsprozess analysiert. Sehr effizient kann dabei die ISO 2000 FMEA Methode verwendet werden. So können alle möglichen Risiken und deren Auswirkungen rechtzeitig erkannt und bewertet werden. Die Erkennung dieser Risiken für die Service Support Planung bezüglich eines erforderlichen Aufwandes zur IT Serviceerstellung ist sehr hilfreich. Diese Themen sind nicht zu unterschätzen, da es hier außer der Definition des SPOCs und Support Levels auch um eine konventionelle Verantwortung von IT Service Lieferanten gehen muss. Nach der FMEA[60] Analyse und Risikoabschätzung muss ein ausreichend sicherer Notfallplan entwickelt werden. Dieser Notfallplan bildet ein extra Dokument und wird dem Kunden auf seine Aufforderung hin vorgelegt. Generell hängen diese Inhalte mit den Kundenanforderungen, IT Service Berichtswesen, Operating Level Katalog, Notfallplan und Risikomanagement zusammen.

---

[60] GoeRüd2004, ISO2000

3.3.2 Contracting Protokoll

Als Contracting Protokoll wird eine spezifische Interaktion zwischen allen SLM Prozessbeteiligten bezeichnet.[61] Dieses Protokoll geht auf den SLM Prozess zurück und klärt gezielt alle Kontaktaufnahmen zwischen SLA vereinbarenden Seiten und IT Service Supplier. In dem Contracting Protokoll werden die SLM Vereinbarungstemplates inhaltlich an die vorhandenen IT Service Anforderungen angepasst. Nach dem Abschluss des Contracting Protokolls stehen alle SLM Vereinbarungen bereit und der SM Qualitätskreis beginnt.

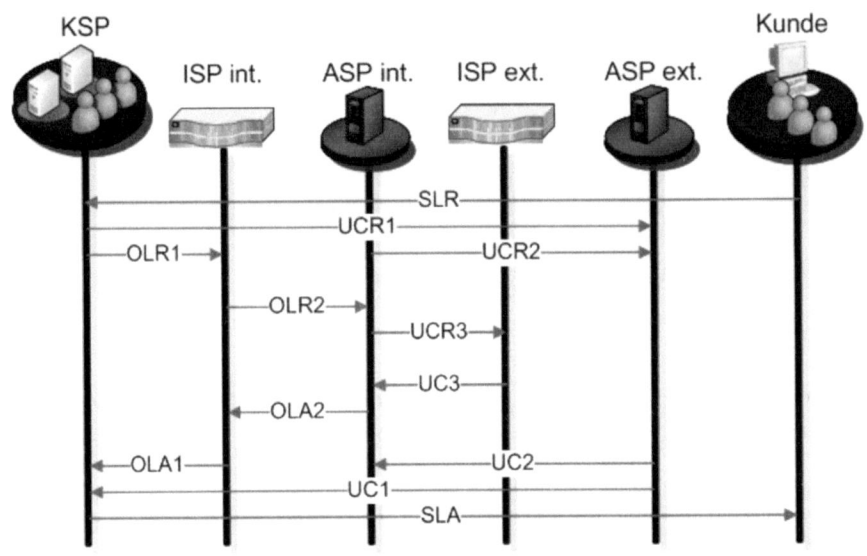

Abbildung 21: Contracting Protokoll

Der Ablauf des Contracting Protokolls erfolgt als ein wirkungskettenbasierter Rahmenkonstrukt. Jeder Anstoß, der die Erstellung einer SLM Vereinbarung veranlasst, verursacht automatisch die Erstellung aller dazugehörigen untergeordneten SLM Vereinbarungen. Wird die SLA Erstellung durch einen IT Kunden angestoßen, so bricht der KSP (Kunden Service Provider) einen vom Kunden gewünschten IT Service bis auf seine Service Katalog Ebene auf. Anschließend spricht er seine IT Service Zulieferer an. Nach der Abstimmung mit den IT Service Zulieferern kommen bei dem KSP die entsprechenden OLAs und UCs Vorschläge zustande. Theoretisch kann man sich dabei auf der Ebene der IT Service Zulieferer weitere SLM Verträge vorstellen. Diese gehören aber nicht in die SLM Rahmen des KSPs und sind entweder separat durch die IT Service Zulieferer oder zusätzliche UCs zu managen.

3.3.3 Transformation der SLM Verträge

Die SLA dient für jeden IT Kunden als eine Art Garantie, dass sein gewünschter IT Service in Übereinstimmung mit allen getroffenen Vereinbarungen geliefert wird. Während das Contracting Protokoll seine Strecke zwischen SLR und SLA durchläuft, werden die SLR in die entsprechenden OLAs und UCs transformiert[62]. Als Basis wird dabei ein beabsichtigter SLA Entwurf

---

[61] KneMar2002
[62] Hier: SLA, OLA, UC

gedacht. Nach dieser Transformation werden alle SLR in den OLA und UC Entwürfen gespiegelt. So werden alle SLR in die OLAs und UCs eingespeist. Können die SLR eingehalten werden, so muss ein SLA zwischen dem KSP und seinem Kunden als verbindlich und endgültig gesichert (Non-Repudiation) werden. Anschließend werden alle dazugehörigen OLAs und UCs auch als Non-Repudiation bestätigt, und ein konkreter Fall der IT Service Lieferung beginnt. Aus der Sicht der Einheitlichkeit der SLM Dokumentation ist es empfehlenswert, die inhaltlichen Grundgerüste für SLA, OLA und UC primär nach gleicher Musterstruktur zu gestalten. Es vereinfacht wesentlich die Vertragsgestaltung, weil durch die gleichen Muster alle inhaltlichen Strukturen relativ einfach und eindeutig einander zuordenbar werden. Unterschiede zwischen SLA, OLA und UC eines Contracting Protokolls ergeben sich aus folgenden Aspekten:

- Inhaltlicher Strukturumfang

- Änderung der vereinbarenden Parteien

- Unterschiedliche SLR Projektionen in den OLAs und UCs

- Inhaltliche Darstellungsweise für die Kunden und eigene IT (Sub)Service Lieferanten

Wichtige Voraussetzung der OLA und UC Korrektheit ist erfüllt, wenn der SLA allen Anforderungen an den Einsatz der SLM Vereinbarungen gerecht wird.[63] Somit bestimmen die SLAs, inwieweit korrekt und sicher die OLA und UC erstellt werden können. Nach der ersten SLA Strukturdefinition startet ihr Deming Qualitätsrad, welches die inhaltlichen SLA, OLA und UC Strukturen sowie geschäftliche Beziehungen mit den Kunden und Suppliern zyklisch verbessert. Dieser Prozess verläuft als ein Framework bestehend aus den Prozessen, die die SLM Verträge SLA, OLA und UC aufeinander abstimmend regeln.

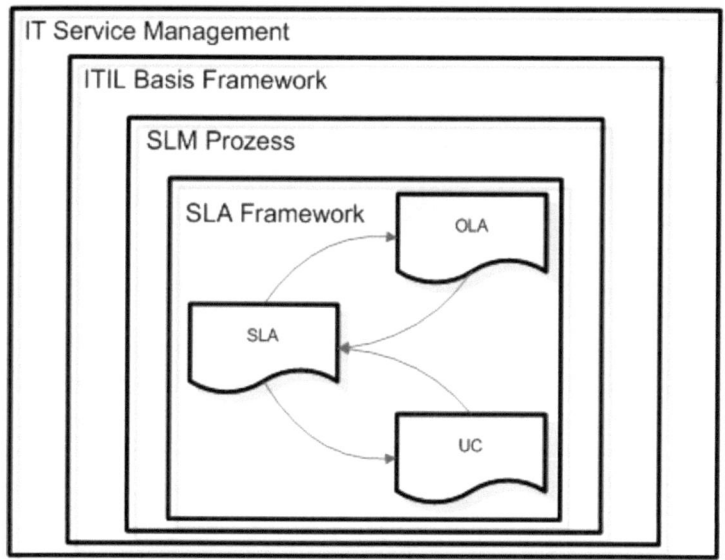

Abbildung 22: SLA, OLA, UC Framework

---

[63] Hier: Anforderungen an die SLM Vereinbarungen

Die Abbildung des Frameworks für die SLA, OLA, UC zeigt, in welcher Umgebung die SLM Servicevereinbarungen gegenseitig bewirken. Es funktioniert gleichzeitig in zwei Richtungen:

1. Top-down: Alle Inhalte für die Service Vereinbarungen werden vordefiniert. Es wird nach den Service Management Zielvorgaben vorgegangen, und der SLM Prozess des ITIL Frameworks wird entsprechend implementiert.

2. Bottom-up: Im Rahmen einer Servicezusammensetzung nach dem Service Katalog wird es sichtbar, wie sich die SLA, OLA und UC Zusammenhänge aufeinander besser abstimmen lassen. So werden die SLM Vereinbarungen nach einer entsprechenden Prozessanalyse verfeinert.

3.4 SLM Probleme in der Praxis

3.4.1 Problemquellen

Die SLM Verträge bestimmen, ob der SLM Erfolg prinzipiell erreicht werden kann. Werden alle kritischen SLM Themen rechtzeitig erkannt, so kann man sie über die vertraglichen Abstimmungen auch rechtzeitig managen. Die existierenden SLM Best Practices empfehlen die vier unten angeführten Themen in dem SLM Zyklus kritisch zu betrachten. So gehören diese Fragen für jeden SLA Vertrag nach BS15000/ ISO20000 zwingend zu klären. [64]

- Vor der Einführung eines IT Services: Werden die langfristigen Partnerbeziehungen zu einer kontinuierlichen Verbesserung der Unternehmenswirtschaftslage beitragen?

In Bezug auf den SLM Prozess muss dieses Thema vor dem Einstieg in die Development Phase studiert werden (Nachfrageidentifikation und evtl. Evaluierung). Die Klarheit in diesen Fragen verschafft eine notwendige Grundlage für den Erfolg der IT Servicelieferung. So müssen von dem SLM Team (Prozessowner, Prozessdept, SLA Team und Service Delivery Team) folgende Fragen beantwortet werden.

1) Stimmten die Richtlinien der Service Entwicklung mit den Strategischen Unternehmenszielen und IT Service Marktanforderungen überein?

2) Inwieweit trägt ein betroffener IT Service zur Unternehmensdurchsetzung gegen die Konkurrenz bei?

3) Werden die GP Anforderungen an die IT Services ausrechend richtig verstanden?

4) Wurden alle möglichen Service Optimierungspotentiale erkannt und entsprechende Maßnahmen durchgeführt?

5) Wurden die Schlüsselkunden sowie richtige Geschäftspartner erkannt?

6) Wurde eine optimale Langzeitstrategie für den Beziehungsausbau mit den Kunden und Geschäftspartnern gefunden?

---

[64] Mac2002

- Bei der OLA/ UC Erstellung: Wurden alle relevanten Fragen in der IT Service Supply Kette mit allen Subservice Lieferanten geklärt?

Mit Klärung folgender Fragestellungen verschafft das SLM Team ihre notwendige Grundlage für den SLM Erfolg in der Development Phase.

1) Verfügt das SLM Team über ausrechende Kompetenzen und Verhandlungsmacht?

2) Wurden die technischen und kaufmännischen Kompetenzen des SLM Teams in Gleichgewicht gebracht?

3) Wurden die SLM Rollen und Zuständigkeiten für die IT Service Lieferung klar definiert?

4) Werden bei der SLM Vertragserstellung die existierenden Best Practices berücksichtigt?

5) Ist die IT Supply Kette für eine dauerhafte IT Servicelieferung bezüglich der Kontinuität aller erforderlichen Subservices stabil genug?

6) Kann eine ununterbrochene IT Service Lieferung gewährleistet werden, wenn einer der Subservice Lieferanten ausfällt bzw. die Vertragsbeziehungen abbrechen will?

7) Wird die Risikoerkennung und evtl. Problembehandlung an die richtigen Beteiligten der Service Lieferung übergeben (d.h. an die, die es am besten umsetzen können)?

8) Inwieweit profitabel kann die betroffene IT Service Lieferung werden? Werden die wirtschaftlichen Mindestvoraussetzungen des eigenen Unternehmens erfüllt, um sich mit der betroffenen IT Servicelieferung überhaupt zu befassen?

- Anwendung der vertraglichen SLM Regelungen: Sind die vertraglichen Regelungen realistisch genug? Werden die Richtlinien der betroffenen IT Servicelieferung ausreichend oft validiert? Wie werden die evtl. Abweichungen behandelt?

Mit Klärung folgender Fragestellungen verschafft sich das SLM Team die notwendige Grundlage für den SLM Erfolg in der Negotiating Phase.

1) Befinden sich die technischen und kaufmännischen Kompetenzen des SLM Teams in Gleichgewicht?

2) Wurden alle erforderlichen Eskalationswege und formelle Infrastrukturen in dem SLM Ablauf eindeutig definiert? Können die richtigen Ansprechpartner einander problemlos erkennen?

3) Wurde das Change Management für die betroffenen IT Services definiert?

4) Werden die Notfallpläne bezüglich ihrer Aktualität in der IT Service Umgebung ausreichend oft überprüft und mit dem Release Management rechtzeitig abgestimmt.

- Steuerung der IT Service Lieferantenkette: Ist eine ausreichende Kompetenz und Zuverlässigkeit in der ganzen IT Service Supply Kette (intern und extern) vorhanden?

Mit Klärung folgender Fragestellungen bildet das SLM Team ihre notwendige Grundlage für den SLM Erfolg innerhalb seiner IT Supplier Kette, was die erfolgreiche Einhaltung von OLAs und UCs gewährleistet.

1) Werden die Subservices bezüglich ihrer SLM Einstufung bei den IT Suppliern richtig konfiguriert? Entspricht es der SLA Regelung im Rahmen der generellen IT Service Lieferung?

2) Verfügen die IT Supplier über ein erforderliches Know-how?

3) Inwieweit sind die IT Supplier an der weiteren Zusammenarbeit interessiert? Stimmt diese Zusammenarbeit mit den Geschäftstrategien von eigenen IT Suppliern überein? Können die Supplier ihren Service Level Verbindlichkeiten mit einem ausreichenden Verständnis nachkommen?

4) Benehmen sich die IT Service Supplier partnerschaftlich genug? Inwieweit zuverlässig sind diese Partnerbeziehungen und wo gibt es Verbesserungsbedarf?

3.4.2 Verbreitete SLM Fehler

Die SLM Best Practices nennen eine Reihe von verbreiteten Fehlern, die zu unerwünschten Ergebnissen in den Service Verträgen führen können. So ist es wichtig, diese Problemfälle frühzeitig erkennen und vorbeugen zu können. Unten werden die vier am meisten verbreiteten Fehler der SLM Organisation erklärt.[65]

• Mangelhafte Strategien für die Ressourcennutzung und Kommunikationsgestaltung.

Business Impact: Führende Rolle in der IT Serviceerbringung wird von dem technischen Support übernommen (technischer Support haftet aber nur für die technische Qualität seines Serviceanteils und kann weitere Service Supplier und kommerzielle Aspekte eines betroffenen Services vernachlässigen). Zentrales Kompetenz- und Wissensmanagement des IT Dienstleisters wird gefährdet und es wird immer problematischer das IT Unternehmen zu steuern. Verlust der Wertschöpfungsanteile in der IT Serviceerbringungskette (IT Supplier bekommen mehr Verhandlungsmacht). Besonders riskant wird es in dem Fall, wenn das eigene Kompetenzteam nicht aus interdisziplinären Spezialisten zusammengesetzt ist.

Mögliches Ergebnis: IT Dienstleister verliert die Kontrolle über seine Infrastruktur und gerät in die Business Loss Chain durch eine uneffiziente Ressourcennutzung.

---

[65] Mac2002

Ursachen	Vorbeugende Maßnahmen
Service Team besteht lauter aus technischen Spezialisten mit wenig betriebswirtschaftlichen Kenntnissen	Forderung der interdisziplinären (wirtschaftinformatischen!) Kenntnisse im Kompetenzteam.
Fehlerhafte Ressourcenplanung aufgrund mangelhafter Beachtung von sämtlichen Rahmenbedingungen	Einführung eines Zielprozesses der IT Service Erbringung sowie referenzbasierter Ressourcenübersicht (NKLR[66])
Missverständnisse mit den Kunden aufgrund Unterschätzung ihrer SLR	SLR vertraglich und für den Kunden verständlich erfassen und Anforderungen zu Servicereporting mit den Kunden verbindlich und nachweisbar in einer Vertragsform abstimmen
Nicht vollständige (oder nicht funktionsfähige) Eskalationswege in diversen Stufen der IT Service Lieferung	Eskalationswege für die Kommunikation in der ganzen IT Service Kette (Vendor-to-IT und IT-to-Customer) realistisch auf alle SLM Verträge (SLA, OLA, UC) anpassen

Tabelle 8: Business Impact: Ressourcenplanung und Kommunikation

- Mangelhafte vertragliche Abstimmungen.

Business Impact: Fehlende Abstimmung strategischer Ziele eines IT Dienstleisters auf seine SLAs, Kosten der IT Serviceerbringung sowie Gewinnvorstellungen. Unerwartete (nicht immer optimale) politische Entscheidungen aufgrund von fehlgeschlagenen Servicelieferungen sind möglich. SLA tragen zur sicheren Servicelieferung nicht bei und können nicht eingehalten werden. Häufige Missverständnisse zwischen IT Supplier, IT Provider und IT Kunden. Der IT Provider kann seine IT Serviceleistungen aufgrund seiner technischen bzw. infrastrukturellen Probleme nicht erbringen.

Möglicher Ergebnis: Betriebswirtschaftliche Ziele nicht erreicht, Business Loss Chain durch Kundenabgang.

---

[66] Kir2005

Ursachen	Vorbeugende Maßnahmen
Prozessrollen und Verbindlichkeiten nicht klar	IT Service Prozessrollen und Verbindlichkeiten klar definieren
Prozessbeteiligung nicht für jeden Teilnehmer eindeutig klar	Verbindlichkeiten der IT Service Prozessrollen klar abgrenzen (Briefing für jeden Teilnehmer)
Mangelhafte Abstimmung mit Entscheidungstreffern (IT, Kunde, Supplier)	Mögliche Verantwortungsdiffusionen verfolgen und Haftungsumfang vertraglich klar abstimmen
Risiken bei möglichen Änderungen nicht geklärt	Eskalations- und Kommunikationswege für evtl. Änderungsfälle vertraglich abstimmen
Mangelhafte Risikoanalyse besonders bei Nichtbeachtung der Supplier Plane	SLA Anforderungen auf die Verbindlichkeiten und Haftung der IT Supplier abstimmen, Continuous Management der Service end-to-end Kette durchführen
Wichtige SLA Abstimmungen werden nur formell vereinbart (agreements to agree).	SLA Vereinbarungen auf einen definierten IT Service Zielprozess abstimmen
Nichteinheitliche KPIs bzw. Messverfahren für die Servicemessung	Service Berichtswesen einheitlich definieren und vertraglich absichern
Kein gemeinsames Verständnis von existierenden IT Service Abkommen sowie daraus resultierende Barriere für evtl. serviceverbessernde Änderungsmaßnahmen und dauerhafte/ künftige Servicelieferung	Klare und realisierbare Service Vereinbarungen erzeugen, Kundenwünsche zur Service Lieferung und Service Reporting, sowie Kommunikationswege vertraglich abstimmen

Tabelle 9: Business Impact: Mangelhafte vertragliche Abstimmungen

- Mangelhaftes Management der Servicelieferung

Business Impact: Supplier übernehmen die IT Service Kontrolle, was zu unbalancierten Entscheidungen führen kann. Mitarbeiter verstehen ihre Aufgabenkreise nicht. SLM Prozess schlägt aufgrund fehlgeschlagener Prozessintegration (z.B. zwischen dem SLM Prozess und Kunden GP) fehl. SLA Missverständnisse und IT Service Unterschätzung: jede Kleinigkeit eskaliert, keine Entscheidungen werden vor Ort getroffen, SLM Geschäftsprozess wird nicht gelebt. Keine Möglichkeit für Performanceverbesserungen.

Mögliches Ergebnis: betriebswirtschaftliche Ziele nicht erreicht, Business Loss Chain durch Kundenabgang und Mitarbeiterunsicherheit.

Ursachen	Vorbeugende Maßnahmen
Mangelnde Beachtung der Ressourcenanforderungen für das Contract Management	Ausreichende Ressourcenplanung für Prozessverbesserung und Kompetenzteam
IT Provider Team und Kunden Team Kompetenzniveau stehen sehr weit auseinander	Kundenniveau und seine Geschäftsprozessanforderungen ausreichend studieren und alle Kundenvereinbarungen in seiner Kundensprache verständlich abstimmen
Rahmenbedingungen, Komplexität und Zusammenhänge aller vertraglichen Vereinbarungen werden nicht vollkommen verstanden	Service Zielprozess realistisch definieren und seine Wechselwirkungen durch die SLM Verträge in Balance bringen
Vorhaben von eigenen Suppliern sind nicht klar genug	Continuous Management end-to-end in der IT Serviceerbringung Kette durchführen, Supplier Vereinbarungen verbindlich machen und unbedingt mit einer Haftungsklausel versehen
Machtverteilung (z.B. für betriebswirtschaftliche Entscheidungen) und Verantwortung nicht ganz klar: Wer entscheidet und wer haftet?	Service Zielprozess und seine Prozessrollen klar definieren
Mangelhafte Service Messverfahren bei Kunden	Kundenberichtswesen Anforderungen vertraglich erfassen und in das SLM Prozess integrieren
Fokus nur auf die Gegebenheit, nicht auf die weiteren Möglichkeiten	Datenqualität für die KPI Konsolidierung und Analyse sichern und BI Verfahren anwenden
Mangelhaftes Risikomonitoring (gesetzlich, politisch, betriebswirtschaftlich, technisch usw.)	Datenqualität für die KPI Konsolidierung und Analyse sichern und BI Verfahren anwenden, Ressourcen für das Risikomanagement planen

Tabelle 10: Business Impact: Mangelhaftes Management der Servicelieferung

- Fehlende Prozessrückkopplung für evtl. Serviceänderungen

Business Impact: Keine Übereinstimmung zwischen einem laufenden GP bzw. IT Service Lieferung und evtl. kommenden neuen GP Anforderungen. Realität und vertragliche Abstimmungen gehen auseinander. Keiner kann eindeutig den IT Service Erfüllungsgrad kommentieren. Aufgabenkreise der Mitarbeiter werden verschwommen und unklar. Kosten der IT Serviceerbringung steigern immens.

Mögliches Ergebnis: Business Loss Chain durch die eigene Konkurrenzunfähigkeit.

Ursachen	Vorbeugende Maßnahmen
Mangelnde strategische IT Service Planung	BSC Einführung
Mangelnder Fokus der Entscheidungstreffer auf die kommenden betriebswirtschaftlichen Anforderungen	Wissensmanagement in ausreichendem Umfang durchführen
Unterschätzung der Business Kontextänderungen bzw. unkontrollierte Ängste vor diesen Änderungen	Strategische Unternehmensplanung und Risikomanagement einführen
Mangelhaftes Change und Release Management	Einführung einer zentralen CMDB, Zentralisierung und Kontrolle aller IT Service Datenflüsse über diese CMDB sowie Change Management und Release Management
Möglichkeiten für evtl. Vertragsänderungen bzw. Lösungen bei strategischen Änderungen nicht vorgesehen	SLM Verträge an einen vorhandenen strategischen Unternehmenskontext anpassen
Mangelnde Motivierung für Innovationen bei eigenen IT Suppliern	Innovationsprioritäten klären und SCM fordern
Unklarer Handlungsbedarf in diversen Problemfällen	Problemmanagement und Continuous Management einführen bzw. fordern

Tabelle 11: Business Impact: Fehlende Prozessrückkopplung für evtl. Änderungen

4 SLA Integrationsmodell

4.1 SLM Integrationskonzept

4.1.1 SLM Integrationskonzept Struktur

Aktueller Stand der BI Entwicklung kann gewährleisten, den ganzen SLM Prozessablauf fast vollständig zu automatisieren. Für die Praxis in dem Tagesgeschäft ist es wichtig die SLM Ziele möglichst effizient und kostengünstig erreichen zu können. Auf der Oberfläche des SLM Prozesses sieht man auf den ersten Blick nur die SLM Verträge: SLA, OLA und UC. Dabei ist es zu berücksichtigen, dass sich mit der steigenden Effizienz des IT Einsatzes auch die Komplexität der vertraglichen SLM Unterstützung enorm steigern kann. Mittels der BI kann das SLM diese Komplexität stabil unter Kontrolle nehmen. Daraus können sich folgende vorteilhafte Möglichkeiten für die IT Kunden und IT Dienstleister ergeben: EAI Einsatz, BSC Einsatz, einheitliche Formalisierung der SLA Beschreibung, erhöhte Flexibilität der IT Services, exakt nachvollziehbare KLR. Ohne BI wäre die Beherrschung solcher Komplexität unvorstellbar. Die nächste Abbildung zeigt allgemein, wie die SLM Objekte in einem Expertensystem[67] zusammenhängen.

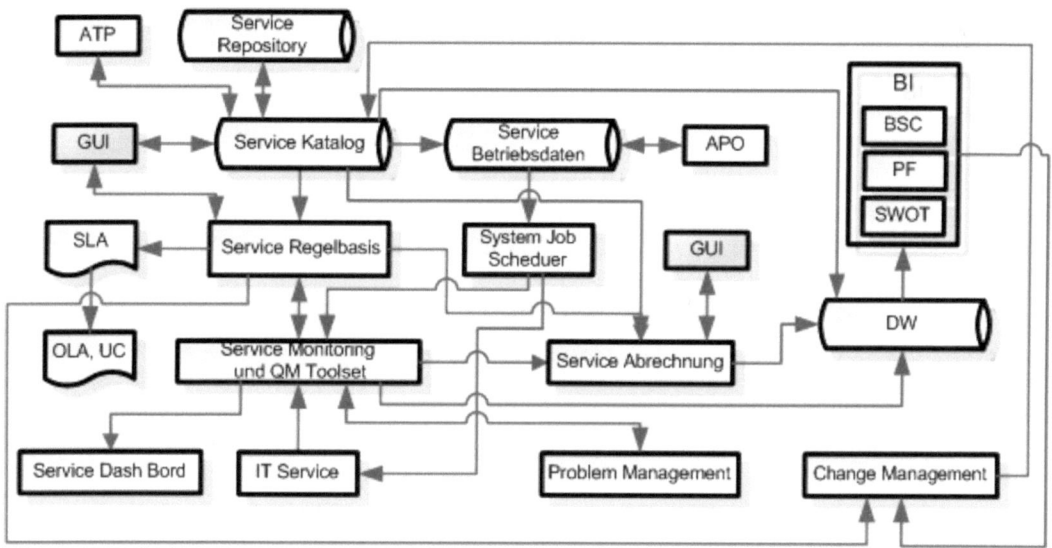

Abbildung 23: SLM Integrationskonzept Struktur

Als Benutzerschnittstelle dient ein GUI, womit auf den Servicekatalog zugegriffen wird. Über diese Benutzerschnittstelle kann ein SLM Prozessowner seine komplexen Services samt SLA-, OLA- und UC- Entwürfen zusammenstellen. Als guter Ansatz an dieser Stelle würde ein grafisches Tool zur Serviceerstellung (samt begleitender Dokumentation) dienen. Der Service Katalog greift auf weitere Service Daten, verbale Service Beschreibungen (Service Repository) und den Service Operating Level Katalog (Service Betriebsdaten) zu. An dieser Stelle kann man einen gewünschten Service Level einstellen. Es wären zwei Ansätze für die

---

[67] Pas2004

Ermittlung eines gewünschten Service Levels vorstellbar: Six Sigma in Bezug auf einen unterstützten GP eines Kunden oder Target Costing. In beiden Fällen ist jeder Kunde über beide Möglichkeiten zu unterrichten, was zu weiterer Servicewertschöpfung in dem Service Lieferung Prozess führen kann. Um eine Servicelieferung zuverlässig zusagen zu können empfiehlt es sich jeden gewünschten Kundenservice auf der Serviceentwurfsebene mit der ATP Logik zu erweitern.[68] Die Optimierung der ganzen Servicelieferung lässt sich mit der Erweiterung des Operating Level Katalogs durch ein APO[69] Modul maximal optimieren. Erfolgt eine kundengewünschte Service Level Einstellung, so kann eine formell beschreibende (z.B. als XML Dokument) Service Regelbasis[70] für einen zu liefernden komplexen Service abgeleitet werden. Diese Service Regelbasis initiiert die IT Servicelieferung. Alle formellen Beschreibungen können (z.B. durch die XSL Transformation) in die SLM Objekte SLA, OLA und UC transformiert und aufgrund von Service Repository Informationen mit ihren verbalen Servicebeschreibungen kommentiert werden. Aufgrund einer ausführlichen Beschreibung aller Service Betriebsdaten in dem Service Operating Katalog kann eine formelle IT Servicebeschreibung mit sämtlichen technischen Service KPIs erweitert werden. Basierend auf dieser Information lassen sich diverse Service KPIs für alle Ebenen der IT Servicelieferung definieren bzw. ableiten. Diese KPIs können für verschiedene Parteien (Kunde, int./ ext. Supplier) in unterschiedlichen Formen erscheinen. Sie haben jedoch eine einheitliche KPI Basis als Grundlage. Diese Service Berichtsformen sind in erster Linie mit eigenen Kunden abzustimmen, entsprechend zu gestalten und mit konventionellen Qualitätsanforderungen in einem QM Tool zu verbinden. Als Schnittstelle zur automatischen Serviceüberwachung ist ein Service Dash Board anzuschließen und mit verschiedenen Informationsprofilen (evtl. auch als Web Service) laufen zu lassen. Somit ist eine erforderliche Systembasis für SLA-, OLA- und UC-Entwürfe fertig. Nach der Abstimmung mit den Kunden kann die Serviceinformation als ein selbständiger Service in dem Service Katalog für die evtl. Wiederverwendung stehen. Durch die Anbindung dieser Service Regelbasis an ein unternehmensweites Modul (z.B. SAP R/3: FI/ CO/ PS[71] oder ähnliche Systeme) mit dem Zugriff auf alle vorhandenen Organisationsdaten (Profitcenter, Buchungskreise, Werke, Kostenarten, Kostenstellen, Arbeitsplätze, Leistungsarten usw.) können alle benötigten Ressourcen in ihrem erforderlichen Umfang exakt identifiziert werden. Somit können die Projektbudgetrahmen auf jeder Stufe einer jeweiligen IT Service Lieferung ermittelt werden, was als eine gute Verhandlungs- sowie Controlligbasis dienen kann. Die Unternehmensstrategie des IT Dienstleisters wird an dieser Stelle mit vollständigen Prognoseinformationen z.B. zu allen Stufen der DB Rechnung und Projekt-/ Servicepositionierung in Bezug auf die eigene BSC sowie SWOT Funktionalitäten unterstützt. Strategisch konsequentes und logisch nachvollziehbares Vorgehen z.B. in der Servicepreispolitik usw. wird somit möglich. Wird von dem Kunden die verbindliche Servicezusage erhalten, so werden die Ressourcen reserviert und nach erfolgter Budgetierung die betroffene Servicelieferung freigegeben. Im Weiteren sieht der ganze Ablauf so aus, wie es sich in dem ITIL Framework gehört. Über das Service Monitoring und QM Toolset (einschließlich SPOC) werden bei Bedarf das Problemmanagement und das Change Management angestoßen. Durch die Prozessrückkopplung wird der Service Katalog kontinuierlich und zentralisiert über das Change Management und die CMDB weiterentwickelt. Die Periodenrechnungen zu BSC, SWOT, Yield und weiteren BI Themen erfolgen in einem eingebundenen DW. Jede evtl. mögliche Evaluierung der SLM Objekte kann durch diese zentralisierte serviceverbessernden

---

[68] ATP WS, Mer2002
[69] BroNis2003
[70] Pas2004
[71] Drä2001

Maßnahmen (verträglich vereinbarte Änderungsfälle!) erfolgen. Der Einstieg in dieses System kann sowohl gleich vollständig als auch stufenweise durchgeführt werden. Erfolgt es stufenweise, so ist zu berücksichtigen, welche Funktionen, operative bzw. Stammdaten dem System noch nicht zur Verfügung stehen und welche Risiken dahinter verborgen liegen.

4.1.2 SLM Integrationskonzept Ablauf

Es ist ein Zielprozess (Ablauf) für die Struktur des SLM Integrationskonzeptes erforderlich, um diese Struktur vernünftig betreiben zu können. Die einzelnen Module des Systems wurden oben erklärt. Die nächste Abbildung stellt dieses SLM Integrationskonzept in seinem Ablauf dar.

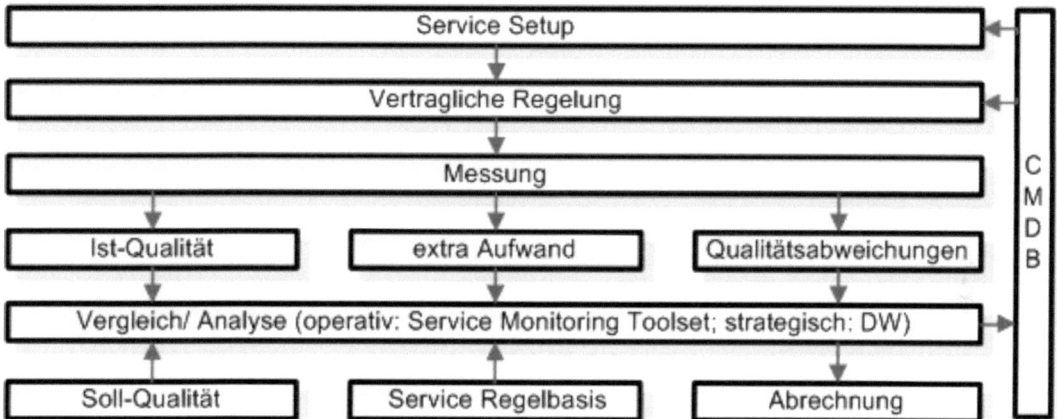

Abbildung 24: SLM Integrationskonzept Ablauf

Die folgende Tabelle klärt den Ablauf des SLM Integrationskonzeptes. Die Informationszuordnung zu den erforderlichen Objekten/ Modulen wird ebenfalls in der Spalte „erforderliche Module" erklärt. Alle Aktivitäten und Erforderliche Systemmodule werden den SLM Prozessphasen zugeordnet, um diese aus der Sicht des SLM Prozesses besser verfolgen zu können.

SLM Phase	Aktivität	Erforderliche Module
Development	Service Setup: Es wird ein kundengewünschter Service in optimalen dimensioniert (Service Level) und zusammengestellt	Service Katalog, Service Repository, Operation Level Katalog, CMDB
Negotiating	Vertragliche Regelung: Es werden (aufgrund einer vorhandenen Serviceregelbasis) die strategische Servicepositionierung KPIs, Service Kapazitätsbedarf, Service Qualitätsanforderungen, Berichtswesenformen für alle beteiligten Parteien samt entsprechenden SLAs, als Service Entwurf erzeugt. SLA werden in die OLAs und UCs transformiert. Im Weiteren erfolgt eine verbindliche Kundenzustimmung, was zu einer verbindlichen Ressourcenbuchung und Budgetierung führt. Ab dieser Stelle startet die entsprechende Servicelieferung. In Übereinstimmung mit den SLAs, OLAs und UCs werden die Service Reporting Informationssichten in dem Service Dash Bord eingestellt.	Service Regelbasis, SLA Transformationsmechanismus für OLAs und UCs, Service Dash Board, Service Monitoring und QM Toolset, Service Ressourcenplanug/ Abrechnungssystem, DW/ BI, SMDB, ATP, APO
Reporting	Messung: Gelieferter Service wird gemessen und in dem Dash Board informationsprofilabhängig präsentiert. Es könnten dabei folgende Vergleiche dargestellt werden: Soll-Ist-Qualitätsvergleich (Service Level abhängig), Soll- vs. Ist-Aufwand der Servicelieferung, Qualitäsabweichungsanalyse nach der Fuzzy Logik usw.	Service Monitoring und QM Toolset, Service Ressourcenplanug/ Abrechnungssystem, DW/ BI, SMDB
Service Improvement	Service Evaluierung: bei Bedarf (mögliche Gründe: IT Strategie, technische Probleme, Service Optimierung usw.) wird ein betroffenes Servicemodul- bzw. ganze Servicedefinition zentral über die CMDB verbessert und released.	SPOC, Problemmanagement Modul, Change Management Modul, CMDB, Service Katalog

Tabelle 12: Ablauf: SLM Integrationskonzept

4.2 Einführung des SLM Integrationsmodells

Ein effizienter SLM Prozesseinstieg bedarf einer konsequenten Prozesseinführung in Übereinstimmung mit dem SLM Einführungsprozess[72]. Sämtliche Zusammenhänge zwischen dem SLM Prozess und den SLM Verträgen müssen berücksichtigt werden, um auf der Ebene der vertraglichen SLM Vereinbarungen steuern zu können. Im Folgenden werden die Zusammenhänge zwischen den SLM einführenden Aktivitäten und den SLM Verträgen erklärt. Die Situationsdarstellung erfolgt nach der Phasensystematik des SLM Einführungsprozesses. Die Aktivitäten jeder Phase werden mit ihren Voraussetzungen und Zielen den SLM Objekten zugeordnet, die durch diese Aktivitäten unterstützt werden.

---

[72] Hier: SLM Prozesseinführung

Außerdem werden die SLM prozessbezogenen Zuständigkeiten für jede Aktivität genannt, was bei einer praktischen Prozessumsetzung eine klare Ressourcenplanung ermöglicht.

4.2.1 Phase 1: Interne Analyse

Will man das SLM einführen, so ist es wichtig die Ist-Situation adäquat zu erfassen und diese an die Grundvoraussetzungen eines gewünschten Lösungskonzeptes anzupassen. So werden in dieser Phase alle Ist-Prozesse, Ist-Funktionen und Ist-Leistungen dokumentiert. In dieser Phase entsteht der Service Level Katalog (inkl. Operation Level Katalog), der alle internen Supplier mit ihren Dienstleistungen erfasst. Die nächste Tabelle stellt die Aktivitäten dieser Phase mit ihren Zielen, Voraussetzungen, betroffenen SLM Objekten und Zuständigkeiten dar.

Einführende Aktivität	Ziel	Voraussetzungen	SLM Objekt betroffen	Zuständigkeit
SLM Konzepterstellung/ Analyse der Ist-Prozesse	Klärung und Systematisierung int. Geschäftsprozesse im Unternehmen	Definierte CO/ FI, MM, SD Strukturen	Service Level Katalog	Prozessdept, Prozessowner
Analyse der Ist-Funktionen/ Dokumentation der Leistungen	Definition und Systematisierung aller lieferbaren Leistungen im Unternehmen	Definierte Arbeitsplatze und Leistungen	Operation Level Katalog, Service Spezifikationen	Prozessdept, Prozessowner

Tabelle 13: SLM Einführung: Interne Analyse

4.2.2 Phase 2: Externe Analyse

Nach einer erfolgten Ist-Analyse wird klar, wo eigene interne Kapazitäten durch die Inanspruchnahme von externen Kapazitäten zu erweitern sind. An dieser Stelle fängt die externe Analyse an. In dieser Phase werden alle erforderlichen externen Ist-Prozesserweiterungen analysiert. Es müssen dabei alle Beschränkungen und Anforderungen an die externen Ressourcen definiert werden. Der Operation Level Katalog wird in dieser Phase mit den Daten zu allen externen Dienstleistungen erweitert. Es ist dabei zu berücksichtigen, dass eine einheitliche Struktur des Operation Level Katalogs eingehalten werden muss.

Einführende Aktivität	Ziel	Voraussetzungen	SLM Objekt	Zuständigkeit
Analyse externer Beschränkungen und Anforderungen	Klärung und Systematisierung aller nötigen ext. Leistungen für einen optimalen Support eigener Geschäftsprozesse	Definierte Leistungen und Lieferanten (samt ihren evtl. Rahmenbedingungen)	Operation Level Katalog, Service Spezifikationen	Prozessdept, Prozessowner
Analyse der Voraussetzungen und Schnittstellen	Klärung und Systematisierung der Lieferantenstrukturen	Definierte Leistungen und Lieferanten sowie Rahmenbedingungen	Operation Level Katalog, Service Spezifikationen	Prozessdept, Prozessowner

Tabelle 14: SLM Einführung: Externe Analyse

Phase 3: Setup/ Improvement

Sind alle internen und externen Anforderungen geklärt, so kann man zu der SLM Setup Phase übergehen. Dabei werden in erster Linie die Zielprozesse definiert und ihre Rahmenbedingungen geklärt. Nach der Zielprozessdefinition werden die Kostentreiber ermittelt und evtl. weitere Zielprozessoptimierungen vorgenommen. Nach dieser evtl. Optimierung werden die Verrechnungsmodelle definiert. Werden die Preismodelle endgültig auf die Zielprozesse und vorhandene Kostentreiber abgestimmt, so kann man mit der Implementierung der Service Levels anfangen.

Einführende Aktivität	Ziel	Voraussetzungen	SLM Objekt	Zuständigkeit
Definition der Service Levels und der Soll-Prozesse	Definition eigener GP zu IT Service Erstellung, Klärung der lieferbaren Services und ihrer Rahmenbedingungen	Definierter Service Level Katalog, bekannte int/ext Unternehmensstruktur	Service Achivement, Service Level Reports, Service Quality Plan, Service Spezifikation	Prozessdept, Prozessowner
Identifizieren der Kostentreiber und Definition des Preismodells	Service Kostenoptimierung, Definition der Service Abrechnung	Definierte CO/ FI, MM, SD sowie übergreifende (PS) Strukturen sowie definierte GP	Service Katalog	Prozessdept, Prozessowner
Implementieren der Service	Bereitstellung der SLM Struktur zur	Definierte Service Level/ Operating	SLA, OLA, UC, Service	Service Delivery

Levels	Servicelieferung	Level Katalog, Service Spezifikationen, Service Quality und Continuity Pläne, Definierte CO/ FI, MM, SD sowie übergreifende (PS) Strukturen und definierte GP	Achivement	Team, SLA Team

Tabelle 15: SLM Einführung: IT Service Setup

4.3 Integrationsmodell für SLA Management

4.3.1 SLA Basis

Als Basis enthält jeder SLA Vertrag folgende Inhalte[73]: allgemeine Vereinbarungen, Funktionalität und Performance, Monitoring, Kunden Support. Weitere thematische Verfeinerung dieser Inhalte wird in der nächsten Tabelle dargestellt. Dabei wird die Informationsherkunft samt unterstützten Zielen genannt. Es wird auch gezeigt, welche SLA Themen auf die OLA und UC in transformierter Form projiziert werden müssen. Somit wird geklärt, wie man ein SLA Vertrag in der IT Supply Kette absichert und OLA samt UC thematisch korrekt gestaltet.

Inhalt	Thema	Herkunft	Ziele	OLA	UC
Allgemeine Vereinbarungen	Vertragsdauer/Kündigung	Vereinbarung: Prozessowner, Kunde	Ermöglichen operative und strategische Planung	ja	ja
	Vertragsänderung	Vereinbarung: Prozessowner, Kunde	Mehr Flexibilität bei der Serviceverbesserung	ja	ja
	Vergütung	Vereinbarung: Prozessowner, Kunde	Service Kostenabdeckung, Gewinn	ja	ja
	Partner	Vereinbarung: Prozessowner, Kunde	Klärung: Verbindlichkeiten, Workflow	ja	ja
	Vertragsgegenstand	Vereinbarung: Prozessowner, Kunde	Klärung: Verbindlichkeiten	ja	ja
	Leistungen des IT Service Anbieters	Vereinbarung: Prozessowner, Kunde		ja	ja
	Rechte und Pflichten	Vereinbarung: Prozessowner, Kunde	Klärung der Kommunikationsgrundlage	ja	ja

---

[73] Fel2005, Kae2004,Büh2003, BER2005

				nein	ja
	Juristische Elemente	Vereinbarung: Prozessowner, Kunde	Klärung: Verantwortung, Legalität, Haftung	nein	ja
	Diverses/ Force Major	Vereinbarung: Prozessowner, Kunde		nein	ja
Funktionalität und Performance	Service Funktionalität	Kundenanforderung	Klärung: Aufwandsumfang	ja	ja
	Performance	Kundenanforderung		ja	ja
	Verfügbarkeit	Kundenanforderung		ja	ja
	Reliability	Kundenanforderung		ja	ja
	Security	Kundenanforderung		ja	ja
Monitoring	Service Indikators	Kundenanforderung	Klärung: Kommunikationsgrundlage für Reporting und Erfolgsmessung	ja	ja
	Berichtswesenperioden	Kundenanforderung		ja	ja
Kunden Support	Verantwortung und Sanktionen	Vereinbarung: Prozessowner, Kunde	Klärung: Absicherung gegenseitiger Gewährleistungen	nein	ja
	Servicewiederherstellung	Kundenanforderung	Klärung: Aufwandsumfang	ja	ja
	Problemeskalation	Vereinbarung: Prozessowner, Kunde	Klärung: Kommunikationswege	ja	ja
	Benutzerhilfe	Kundenanforderung	Klärung: Aufwandsumfang	ja	ja

Tabelle 16: SLA Grundlage

Eigentlich sehen die erforderlichen Themen für OLA und UC bis auf „Juristische Elemente", „Diverses/ Force Major" sowie „Verantwortung und Sanktionen" ziemlich ähnlich aus. Diese Unterschiede hängen in erster Linie damit zusammen, dass es dabei um verschiedene Kapazitätsarten geht. Sowohl eine ausreichende Planung interner Kapazitäten als auch ihre Erfolgssicherung obliegt vollkommen dem IT Dienstleister. So haftet er in diesem Fall vor seinen Kunden und sich selber. Sollte etwas bei der Service Lieferung fehlschlagen, muss es an interner Planung liegen und gehört nur indirekt zur SLM Thematik. Die internen Eskalationswege sind normalerweise auch eine interne Sache und müssen bei der eigenen Definition der Unternehmensstruktur geklärt werden. Bei der Inanspruchnahme von externen Kapazitäten muss ein generelles Vorhaben, einen IT Service zu liefern, verbindlich sichergestellt werden. Ansonsten ist es zu berücksichteigen, dass die SLA Themen in den OLA und UC nicht unbedingt in gleichen Formen (benutzerabhängige Transformation der Darstellungsweise) auftreten müssen.

4.3.2 Von SLA zu OLA und UC

Eine SLA- OLA, UC- Implementierung bedarf einer einheitlichen Aufschlüsselung von jedem Thema, damit sie korrekt implementiert werden können. Eine mögliche Basis dieser Aufschlüsselung stellt die nächste Tabelle dar. Die erforderlichen SLA, OLA und UC Klauseln werden aufgrund von Anforderungen zu der SLA Transformation in den OLAs und UCs selektiert. Außerdem erscheinen in jedem SLM Vertrag die Inhalte „Allgemeine Vereinbarungen"[74] in entsprechenden Formen und Umfang.

Inhalt	Thema	Mögliche Aufschlüsselung	SLA	OLA	UC
Funktionalität und Performance	Service Funktionalität	Ziele des SLA	ja	ja	ja
		Detaillierte Service Beschreibung	ja	ja	ja
		Detaillierte Serviceanforderungen	ja	ja	ja
		Kundenerwartungen	ja	ja	ja
		Notwendige Service Level Voraussetzungen	ja	ja	ja
		Restriktionen zur Einhaltung von Service Levels	ja	ja	ja
	Performance	Service Reaktionszeiten	ja	ja	ja
		Beschreibung der erforderlichen Infrastruktur (Netzwerk, Routers, usw.)	ja	ja	ja
	Verfügbarkeit	Durchschnittliche Verfügbarkeit	ja	ja	ja
		Max. mögliche Ausfallzeit	ja	ja	ja
		Max. Anzahl möglicher Ausfälle pro Periode	ja	ja	ja
		Wartungsfenster	ja	ja	ja
	Reliability	Physische Robustheit (z.B. Bitfehler pro Periode/ Menge)	ja	ja	ja
	Security	Verschlüsselungsmethoden	ja	ja	ja
		Passwörter	ja	ja	ja
		Datenintegrität	ja	ja	ja
		Datenauthentizität	ja	ja	ja
		Datenkonfidenz	ja	ja	ja
Monitoring	Service Indikators	Definition der Kennzahlen	ja	ja	ja
		Definition der Messverfahren	ja	ja	ja
		Regelung der Berichtsinhalten zum SLA Nachweis	ja	ja	ja
		SLA Audits	ja	ja	ja
		Berichtsperioden	ja	ja	ja
	Berichtswesenperioden	Perioden im Berichtswesen	ja	ja	ja
		Perioden im Monitoring	ja	ja	ja
Kunden Support	Verantwortung und Sanktionen)	Sanktionen bei Service Mangeln	ja	nein	ja
		Formale Konsequenzen bei Abweichungen von Service Levels (Über/ Untererfüllung)	ja	nein	ja
		Konventionelle Strafen	ja	nein	ja

---

[74] Hier: s. SLA Basis

Servicewie- derherstel- lung	Notfallplan	ja	ja	ja
	Max. zulässige Zeit für Servicewiederherstel- lung	ja	ja	ja
Proble- meskalation	Eskalationen bei evtl. Streitfällen	ja	nein	ja
	Max. mögliche Ausfallzeit	ja	ja	ja
Benutzerhil- fe	Definition des SPOCs (z.B. Help Desk)	ja	ja	ja
	Umfang evtl. Möglicher Benutzerhilfe (Ver- fügbarkeit des Incident- und Problemmanage- ments)	ja	ja	ja

Tabelle 17: SLA-, OLA-, UC- Grundlage

Diese thematische Aufschlüsselung kann in der Praxis unternehmensabhängig auch mit weiteren speziellen Themen verfeinert werden.

4.4 Prozessauswirkungen der SLM Vertragsanforderungen

Wichtig für das SLM ist zu verstehen, wie die SLM Vertragsanforderungen an die SLM Vereinbarungen den SLM Prozess unterstützen. So wird es im Folgenden dargestellt, welche dieser Anforderungen erfüllt werden müssen, um für die betroffenen SLM Prozessaktivitäten ihre reibungslose Durchführung zu gewährleisten. Außerdem wird gezeigt, in welchen Vereinbarungen diese Anforderungen zum Einsatz kommen. Die Vertragsanforderungen werden unter der Kennung „A Nr."[75] angegeben.

4.4.1 Development

Die nächste Tabelle stellt eine Übersicht dar, welche SLM Vertragsanforderungen in welchen SLM Vereinbarungen realisiert werden müssen, um den Ablauf der SLM Prozessaktivitäten in der Phase Development möglichst problemlos zu gestalten.

SLM Prozessschritt	SLM Vereinbarung	Anforderungen
Kundenwunsch klären	SLA	A1, A11 - A17
Kundenwunsch bis auf Subser- vices interpretieren	OLA, UC	A2, A12, A13, A15, A41, A46
SLA-, OLA-, UC- Entwurf	SLA, OLA, UC	A3 - A8, A10, A17 - A30, A46
Kundenwunsch analysieren	SLA, OLA, UC	A18 – A23, A24 – A30, A39, A46

Tabelle 18: SLM Verträge in der Development Phase

---

[75] Hier: s. Anforderungen an die SLM Vereinbarungen

4.4.2 Negotiating

Die nächste Tabelle stellt eine Übersicht dar, welche SLM Vertragsanforderungen in welchen SLM Vereinbarungen realisiert werden müssen, um den Ablauf der SLM Prozessaktivitäten in der Phase Negotiating möglichst problemlos zu machen.

SLM Prozessschritt	SLM Vereinbarung	Anforderungen
SLA verhandeln	SLA	A18 - A46
Workflow und Verbindlichkeiten klären	SLA, OLA, UC	A1, A9, A12, A13, A14, A16, A31 – A46
SLA Anwenden	SLA, OLA, UC	A1 – A17
Berichtswesen definieren	SLA, OLA, UC	A8, A18 – A28

Tabelle 19: SLM Verträge in der Negotiating Phase

4.4.3 Reporting

Die nächste Tabelle stellt eine Übersicht dar, welche SLM Vertragsanforderungen in welchen SLM Vereinbarungen realisiert werden müssen, um den Ablauf der SLM Prozessaktivitäten in der Phase Reporting möglichst problemlos zu gestalten.

SLM Prozessschritt	SLM Vereinbarung	Anforderungen
KPI ermitteln	SLA, OLA, UC	A8, A10, A18 – A28,
KPI konsolidieren	SLA, OLA, UC	A4, A8, A10, A18 – A28,
KPI analysieren	SLA, OLA, UC	A8, A10, A18 – A28,
Service Bericht erstellen	SLA, OLA, UC	A9, A18 –A28

Tabelle 20: SLM Verträge in der Reporting Phase

4.4.4 Service Improvement

Die nächste Tabelle stellt eine Übersicht dar, welche SLM Vertragsanforderungen in welchen SLM Vereinbarungen realisiert werden müssen, um den Ablauf der SLM Prozessaktivitäten in der Phase Service Improvement möglichst problemlos zu gestalten.

SLM Prozessschritt	SLM Vereinbarung	Anforderungen
Service verbessern	SLA, OLA, UC	A11, A38, A40, A41, A43 – A45
Service überwachen	SLA, OLA, UC	A3, A10, A11, A40 – A43

Tabelle 21: SLM Verträge in der Service Improvement Phase

4.5 SLM Verträge in dem SLM Prozess

Die SLM Verträge dienen als Hauptinstrument, wodurch das SLM seine Aufgaben regelt. Die Erstellung von qualitativ hochwertigen Verträgen ist für das SLM der Schlüssel zum Erfolg. Aufgrund von hoher Komplexität der zu regelnden Fragen wird es angestrebt, die Vertragserstellung zu standardisieren. Aus diesem Grund werden die SLM Vertragstemplates entwickelt. Die Verbesserung von diesen Templates beginnt mit dem SLM Einführungsprozess und läuft dann zyklisch nach dem Deming Qualitätskreis. Die nächste Abbildung stellt diesen Zusammenhang dar.

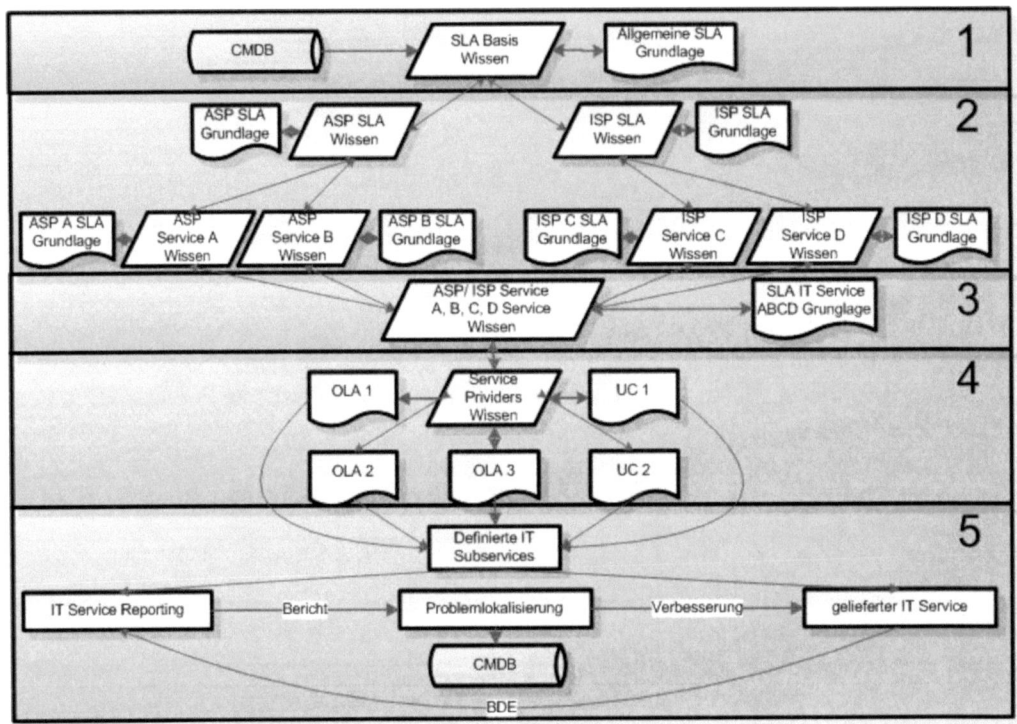

Abbildung 25: SLM Verträge in dem SLM Prozess

4.5.1 Struktur

Das Verbesserungsmodell der SLM Verträge besteht aus einer zentralen CMDB mit dem SLM Basiswissen über die SLM Verträge, einem Service Level Katalog (inklusiv Operation Level Katalog) mit dem detaillierten und spezifischen SLM Basiswissen über alle lieferbaren IT Services aus den Bereichen Application Service Providing (ASP) und/ oder Internet Service Providing (ISP), SLA-, OLA-, UC-Templates sowie einem BDE System und einem Reporting System.

4.5.2 Ablauf

Die SLM Templateverbesserung beginnt ab ihrem jeweils zweiten Zyklus des Deming Qualitätskreises und läuft dann zyklisch. So lässt sich der Verbesserungsablauf der SLM Templates auf den SLM Prozess zurückführen (in der Abbildung „SLM Verträge in dem SLM Prozess" sind die einzelnen Bereiche von eins bis fünf durchnummeriert).

In dem ersten Bereich wird gezeigt, dass der Kundenwunsch gleich nach seiner Klärung auf die einzelnen Subservices mittels des Service Level Katalogs aufgebrochen wird. Die aufgebrochenen Subservices lassen sich mittels des mehrstufigen Operating Level Katalogs sehr präzise spezifizieren, wie es in dem zweiten Bereich der Abbildung gezeigt wird. Nach der Klärung aller benötigten Subservicedefinitionen werden entsprechende Rahmenbedingungen, erforderliche Ressourcen und Service Continuity Voraussetzungen ermittelt. So kommt in dem ersten Bereich die allgemeine SLA Grundlage zustande. Diese Grundlage kann bei jeder nachfolgenden Inanspruchnahme des IT Services ABCD (der dritte Bereich: ABCD bedeutet, dass sich dieser Service aus den Subservices A, B, C und D zusammensetzt). Nach der Abstimmung des ABCD Services auf seine Subservices bekommt man in dem vierten Bereich alle erforderlichen OLAs und UCs. Nach einer Kundenzusage werden die SLAs, OLAs und UCs als verbindlich verabschiedet und die IT Servicelieferung beginnt, wie es in dem fünften Bereich dargestellt wird. Bei der IT Servicelieferung werden alle Betriebsdaten über die BDE erfasst und über das Service Reporting ausgewertet. Alle Service Probleme können auf diesem Wege relativ schnell lokalisiert und behoben werden. Über das Releasemanagement wird die gewünschte IT Service Leistung stabilisiert. Alle Problemfälle werden in der zentralen CMDB gespeichert. Das operative IT Vertragsmanagement kann über die CMDB mit dem Verbesserungsprozess der SLM Templates gekoppelt werden und diese kontinuierlich verbessern.

4.5.3 Prozessintegration der SLM Verträge

Die Prozessintegration der SLM Verträge in den SLM Prozess bedarf einer Schnittstellendefinition zu den anderen ITIL Modulen. Diese Definition muss alle SLM prozessrelevanten Inputs und Outputs erfassen und sie innerhalb des SLM Prozesses mappen. Diese Prozessintegration wird im Weiteren auch als SLM Framework bezeichnet. Die nächste Tabelle stellt diesen SLM Prozessmapping dar.

SLM Vorgang	SLM Objekt	ITIL Modul nötig	Input	Output
Kundenwunsch klären	Service Anforderungen, Service Katalog	SLM	Kundenwunsch	Service Anforderungen
Kundenwunsch bis auf Subservices interpretieren	Service Level Katalog, Operation Level Katalog	SLM	Service Anforderungen	Service Spezifikation
SLA-, OLA-, UC- Entwurf	Service Anforderungen, Service Spezifikation, Service Level Katalog, Operation Level Katalog	SLM	Service Spezifikation	SLA, OLA, UC
Kundenwunsch analysieren	Service Spezifikation, Service Level Katalog, Operation	Capacity Management	Kapaübersicht	Optimierte Service Spezifikation (Kapanutzung,

	Level Katalog, Service Quality Plan, Service Optimierungsprogramm	Financial Management	Service Kostenübersicht	Service Strategie)
		Continuity Management	Service Continuity Plan	
		Availability Management	Übersicht Kapaverfügbarkeit	
Entwurf für SLA, OLA und UC	Service Spezifikation, Service Level Katalog,	SLM	Optimierte Service Spezifikation (Kapanutzung, Service Strategie), SLM Framework	SLA-Entwurf, OLA-Entwurf, UC-Entwurf
SLA verhandeln	SLA	SLM	SLA-, OLA-, UC-Entwurf	SLA, OLA-Entwurf, UC-Entwurf
Workflow und Verbindlichkeiten klären	SLA, OLA, UC, Operating Level Katalog	SLM	OLA-Entwurf, UC-Entwurf	OLA, UC
SLA Anwenden	SLA, OLA, UC	SLM	SLA, OLA, UC	IT Service
		Release Management	IT Service	SLA-, OLA-, UC-Improvement
Berichtswesen aktivieren	SLA, OLA, UC, Service Level Katalog, Operating Level Katalog	SLM	SLA, OLA, UC	Service Dash Board
KPI ermitteln	Operating Level Katalog	SLM	Service Dash Board	Service KPI
KPI konsolidieren	SLA, OLA, UC	SLM	Service KPI	Service Bericht
KPI analysieren	SLA-, OLA-, UC-Service Achivement	Capacity Management	Service Bericht	Service Optimierungsprogramm
		Financial Management	Service Bericht	
		Continuity Management	Service Bericht	

		Availability Management	Service Bericht	
Service Bericht erstellen	SLA, OLA, UC	SLM	Service Bericht	Service Achivement
Service verbessern	SLA-, OLA-, UC- Service Achivement, Service Optimierungsprogramm	Release Management	Service Optimierungsprogramm	SLA-, OLA-, UC- Änderungen
Service überwachen	SLA, OLA, UC, Service Quality Plan, Service Continuity Plan (Notfallplan)	SLM	SLA, OLA, UC, Service Dash Board	Transparente Service Übersicht

Tabelle 22: SLA Framework in dem SLM Prozess

Es ist eine saubere Systemarchitektur erforderlich, um alle Datenflüsse unter der ITIL Systemkomplexität zu bewältigen. Das SLM dient dabei zum Zweck einer ITIL systemweiten Konfiguration. Aus diesem Grund muss zwischen den ITIL Modulen nur über die CMDB kommuniziert werden. Dabei muss verstanden werden, dass diese Kommunikation auf folgende ITIL Module mittels der CMDB direkt zugreift[76]: Service Planung (Capacity Management, Financial Management, Continuity Management, Availability Management), Incident Management. Über das Incident Management wird das Service Support Buch in den SLM Prozess eingebunden.[77]

4.5.4 Kritische Faktoren der SLA Framework Umgebung

Als kritische Faktoren der SLA Frameworkumgebung werden die weiteren ITIL Module angesehen, die das SLM Modul direkt bewirken.

ITIL Basis	Prozessbeschreibung	Ausfallfolgen
Service Level Management	Verhandlung, Definition, Dokumentation, Überwachung und Überarbeitung von SLAs. Als Ziel werden vertraglich vereinbarte Service Levels und deren Kontrolle in enger Zusammenarbeit von Kunde und IT Dienstleister verstanden.	fatal
Continuity Management	Sicherstellung der Serviceleistung in Ausnahmesituationen.	SLM unsicher, IT Services unsicher, ernstes Business Risiko
Availability Management	Gewährleistung vereinbarter Serviceverfügbarkeit. Zuständigkeiten, Fokus auf Dimension Zeit: • Zuverlässigkeit: Fehlerfreiheit	SLM Prozessphasen Development und Negotiating uneffizient, ernstes

---

[76] Hier: s. Abb. 22:: SLM Einbettung, Abb. 23: Abb. SLM Datenflüsse, 11: Service Delivery Prozesse
[77] Hier: s. Abb. 10: Service Support Prozesse

	• Wartbarkeit: Fähigkeit, die Dienstleistung in Betrieb zu halten • Servicefähigkeit: verpflichtete Leistung	Business Risiko durch längere Reaktionszeiten bei Kundenverhandlungen, Kapaplanung problematisch
Capacity Management	Langfristige und kosteneffiziente Sicherstellung aller notwendigen IT Kapazitäten. Ziel ist Maximierung der Auslastung bei Minimierung der Kosten. Fokus auf Dimension Menge: • Business Capacity (Geschäftsprozesse des Kunden): Anzahl Kunden, Aufträge, Artikelsortiment, Wachstumsprognose • Service Capacity (Service Performance): Manpower, Arbeitsplätze, Datenmenge, Durchsatz • Ressource Capacity (Konfigurationselemente): einzelne Ressourcen, Diskspeicher, Memory, usw.	Wirtschaftliche IT Service Kapaplanung problematisch
Financial Management	Bereitstellung von Finanzinformationen zur betriebswirtschaftlichen Steuerung der IT Service Organisation. Ziel ist Transparenz. Kostenartengruppen: • Anlagen: Hardware (z.B. Abschreibungen), Software (z.B. Lizenzen) • Organisation: Personal, Ausbildung, Verwaltung, Versicherungen • Infrastruktur: Gebäude, Einrichtungen, Energie, Netze • Diverses: Betriebsmaterial	Serviceabrechnung, Servicepreispolitik, Strategische Serviceplanung erschwert
Release Management (einschl. Change Management)	Konzeption, Anpassung und Testen der benötigten Hardware und Softwarekomponenten. Ziel ist termingerechter und störungsfreier Rollout und Schutz der Produktivumgebung. Release: • für den Kunden freigegebene Konfiguration • eine Reihe neuer oder geänderter CIs, die zusammenhängend getestet und in die Produktionsumgebung überführt werden • jeder Release ist ein Change, aber nicht jeder Change ist ein Release	SLM Prozessphase Service Improvement erschwert, IT Service weniger flexibel, Erfüllung der Kundenanforderungen unsicher oder nur mit besonders hohem und vermeidbarem Aufwand

Tabelle 23: Kritische Faktoren für das SLA Framework

5 SLM Definitionsschemata

Diese SLM Schemata stellen Ergebnisse der vorliegenden Studie in Form eines praxisorientierten Leitfadens zur SLA -, OLA - und UC – Erstellung in der ITIL SLM Umgebung dar. Für jedes SLM Dokument wird eine Checkliste vorgeschlagen, die jede IT Service Lieferung auf den ITIL SLM Prozess abstimmt. Auf diesem Wege wird es gewährleistet, dass der ITIL SLM Prozess mit allen nötigen Informationen versorgt wird, so dass eine sichere IT Service Lieferung in einer ITIL Umgebung erfolgt. In der folgenden Abbildung wird der unterstützte Zielprozess gezeigt, bei der ein Kundenservicewunsch in der ITIL SLM Umgebung als ein gelieferter IT Service realisiert wird. Die Checklisten gewährleisten es, dass dieser Prozess vertraglich auf der SLM Ebene sicher geregelt wird.

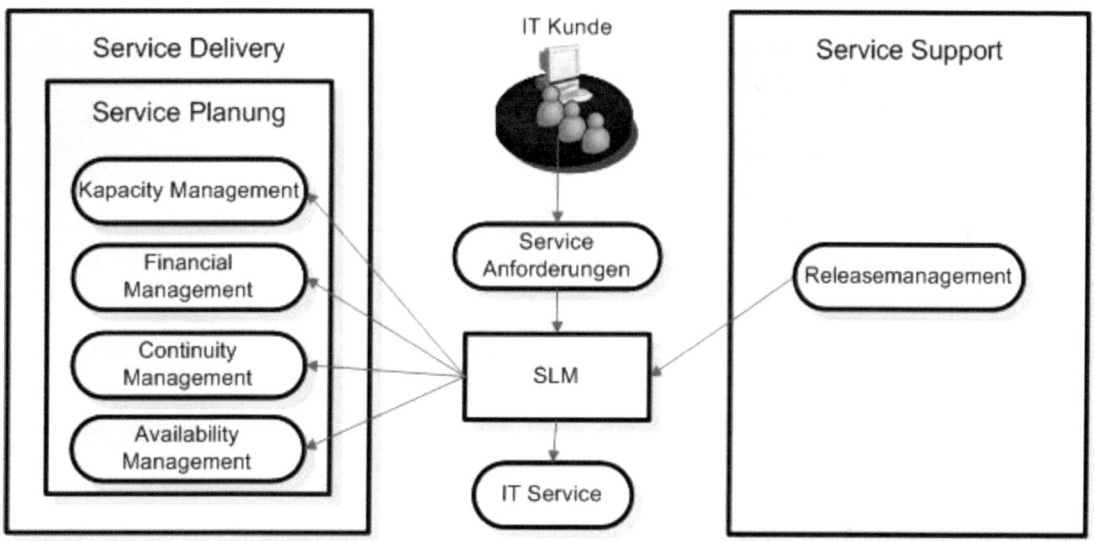

Abbildung 26: Zielprozess der Service Lieferung in einer ITIL Umgebung

Die vorgeschlagenen Checklisten können sowohl als universelle Vertragsgrundlage für die Erstellung neuer SLA, OLA, UC als auch als vertragsqualitätsichernde Grundlage für die schon existierenden SLM Vertragstemplates verwendet werden. Die SLA Checkliste dient als Basis für die weitere SLR Transformation in die OLA und UC.

5.1 Zielsetzung der Definitionsschemata

Die SLM Definitionsschemata unterstützen den Prozess, durch den ein beliebiger Kundenservicewunsch in der ITIL SLM Umgebung aufgrund von optimalen vertraglichen SLM Regelugen zur möglichst reibungslosen IT Servicelieferung führt.

5.2 Voraussetzungen

Das SLM Modell[78] zeigt, dass die SLM Definitionsschemata abhängig von einem ITIL Integrationsgrad bei jedem IT Dienstleister integriert werden können. Die Erweiterung dieser Schemata für die Unterstützung weiterer ITIL Module außerhalb der ITIL Basis ist jederzeit möglich. So werden diese Definitionsschemata besonders effizient, wenn die ITIL Module Kapacity Management, Financial Management, Continuity Management, Availability Management und Releasemanagement bereits umgesetzt wurden. Wird die SLM Einführung erst angestrebt, so ist der SLM Einführungsprozess[79] zu berücksichtigen.

5.3 SLM Verträge

Die folgenden Checklisten unterstützen die Erstellung der SLM Verträge. Diese Verträge unterstützen den SLM Zielprozess, wie er in der Abbildung „SLM Rollen, Aktivitäten, Phasen" grafisch dargestellt wird. Als Basis für die Definitionsschemata werden die SLM Vertragsanforderungen[80] bezüglich ihrer Wirkung auf den SLM Prozess benutzt.

5.3.1 Vom Kundenwunsch zu SLA

In der SLM Prozessphase Development wird jeder Kundenwunsch in Form von einer Konkretisierung der Service Anforderungen geklärt. Nach diesen Anforderungen erstellt das Service Delivery Team eine Servicespezifikation, in der eine Servicezusammensetzung aus einzelnen Subservices sowie Service Quality Plan erfasst werden. Es wird dabei der Service Katalog benutzt und bei evtl. Bedarf auch erweitert. Der Prozessdept führt die FMEA Analyse dieser Servicezusammensetzung durch, bei der alle evtl. Risiken, Rahmenbedingungen und Optimierungsbedarf bzw. Optimierungsmöglichkeiten geklärt werden. Nach dieser Analyse wird von dem SLA Team ein SLA Entwurf realisiert. Wird dieser SLA Entwurf von dem Kunden akzeptiert, so kommt ein SLA Vertrag zustande. Entsteht ein weiterer Klärungsbedarf, so läuft die SLA Entwurfsanpassung schleifenweise über das Service Delivery Team, SLM Prozessdept und SLA Team bis sie allen Kundenvorstellungen an den gewünschten IT Service gerecht wird. Das SLA Definitionsschema zeigt, welche SLA Aspekte zu klären sind, um in der ITIL SLM Umgebung eine sichere IT Service Lieferung zu ermöglichen. Die nächste Tabelle gibt eine Übersicht, wer was in der SLM Development Phase macht und welche SLM Objekte dabei betroffen werden.

---

[78] Hier: s. SLM Prozessintegrationsmodell
[79] Hier: s. Einführung des SLM Integrationsmodells
[80] Hier: s. Prozessauswirkungen der SLM Vertragsanforderungen

SLM Prozessrollen	Zuständigkeit	SLM Objekt
Prozessowner	direkter Kundenkontakt	Service Anforderungen
Service Delivery Team	erste Servicespezifikation bis auf erforderlichen Subservices interpretieren	Service Spezifikation, Service Quality Plan
Prozessdept	Servicezusammensetzung aus den Subservices analysieren und evtl. optimieren	Service Zusammensetzung/ Spezifikation
SLA Team	Optimierte Servicezusammensetzung, Vorbereitung eines SLA Entwurfs, direkte Unterstützung des Prozessowners bei seinen SLA Verhandlungen mit Kunden	Servicezusammensetzung, FMEA Analyse Ergebnisse, Service Katalog

Tabelle 24: Rollen, Zuständigkeiten und SLM Objekte bei der SLA Erstellung

1. Klärung der allgemeinen Vereinbarungen

    a. Vertragsdauer/Kündigung. Inhalt: Vertragszeitrahmen, Kündigungsfristen.

    b. Vertragsänderung. Inhalt: Verfahren zur Überprüfung und Anpassung der Regelungen des SLAs.

    c. Vergütung. Inhalt: Zahlungsmodalitäten und Verrechnungspreise je Dienstleistung und Verrechnungseinheit in Abhängigkeit von dem Service Level definieren, so dass die Kosten der Inanspruchnahme eines bestimmten Service Levels einer Dienstleistung für den Kunden transparent werden.

    d. Partner. Inhalt: Eindeutige Definition der vereinbarenden Parteien: Dienstleister und Kunde.

    e. Vertragsgegenstand. Inhalt: Definition des zu liefernden IT Services. Diese Definition muss eindeutig und in einheitlicher Weise mit der Nennung des Service Levels erfolgen und beliebige interpretationsfähige Formulierungen vermeiden. Die Eindeutigkeit der Definition kann man über einen Glossar gewährleisten.

    f. Leistungen des IT Service Anbieters. Inhalt: Exakte Beschreibung und Abgrenzung der zu regelnden IT Services, so dass eine eindeutige Definition für den Umfang (Service Level) der zu erbringenden Dienstleistung entsteht (Dienstleistungsspezifikation).

    g. Rechte und Pflichten. Inhalt: Informationen zur Regelung der Erbringung des IT Services zwischen Kunden und Dienstleister.

    h. Juristische Elemente. Inhalt: Juristische Institutionen, Gesetze und Regelungen für die Lösung von evtl. Streitfällen

    i. Diverses/ Force Major. Inhalt: Definition und evtl. Abgrenzung der Verantwortung beim Eintreten der Auswirkungen höherer Mächte.

2. Klärung der gewünschten Funktionalitäten und Performance

    a. Service Funktionalität

- Ziele des SLA. Inhalt: Definition der zu erreichenden Ziele (den Weg der Zielerreichung möglichst offen lassen).

- Detaillierte Service Beschreibung. Inhalt: Systemarchitektur/ Systemspezifikation der IT Lösung.

- Detaillierte Serviceanforderungen. Inhalt: Kundenschnittstellen für die Integration der Kundenprozesse, Schnittstellen für das Service Level Monitoring.

- Kundenerwartungen. Inhalt: Definition des Service Achivements.

- Notwendige Service Level Voraussetzungen. Inhalt: minimale zu erreichende Service Werte als Vergleichsbasis.

- Restriktionen zur Einhaltung von Service Levels. Inhalt: Orientierung an die Kundenperspektive und Gewährleistung der Service Qualität.

    b. Performance

- Service Reaktionszeiten. Inhalt: max. zulässige Server- bzw. Applikationsantwortzeit.

- Beschreibung der erforderlichen Infrastruktur (Netzwerk, Routers, usw.). Inhalt: erforderliche Systemarchitektur.

    c. Verfügbarkeit

- Durchschnittliche Verfügbarkeit. Inhalt: min. garantierte Service Verfügbarkeit pro eine bestimmte Periode.

- Max. mögliche Ausfallzeit. Inhalt: max. akzeptierbare Zeit für die Service Wiederherstellung.

- Max. Anzahl möglicher Ausfälle pro Periode. Inhalt: max. akzeptierbare Anzahl möglicher Service Ausfälle pro eine bestimmte Periode.

- Wartungsfenster. Inhalt: Zeiten, in denen planmäßige Systemwartung erfolgen darf.

    d. Reliability

- Physische Robustheit. Inhalt: z.B. Bitfehler pro Periode/ Menge, unter bestimmten physischen Bedingungen usw.

    e. Security

- Verschlüsselungsmethoden. Inhalt: Verschlüsselungsmethoden mit Auswahlbegründung und Einschätzung des Benutzungsrisikos.

- Passwörter. Inhalt: Definition des angemessenen Passwortpatterns mit Begründung.

- Datenintegrität. Inhalt: wie wird gewährleistet, dass die Service Daten nicht verfälscht werden können. Kritische Stellen und Integritätsschutzmechanismen.

- Datenauthentizität. Inhalt: wie kann man nachvollziehen, wer wann und wie auf die Service Daten zugegriffen hat. Kritische Stellen und Datenauthentizitätschutzmechanismen.

- Datenkonfidenz. Inhalt: Berechtigungskonzept.

3. Klärung des gewünschten Service Monitorings

   a. Service Indikatoren (KPIs)

   - Definition der Kennzahlen. Inhalt: Definition der Kennzahlen zur Bewertung der kundenrelevanten Qualitätsdimensionen für den gelieferten Service.

   - Definition der Messverfahren. Inhalt: Definition der Methoden zur Ermittlung der Werte der Service Kennzahlen.

   - Regelung der Berichtsinhalte zum SLA Nachweis. Inhalt: Form und Detaillierungsgrad der Service Berichte.

   - SLA Audits. Inhalt: Definition der Kontrolle der Einhaltung der Service Levels.

   - Berichtsperioden. Inhalt: Aktualisierungshäufigkeit der Service Berichte für die einzelnen Service Qualitätsdimensionen.

   - Perioden im Berichtswesen. Inhalt: Verdichtungsstruktur und Skalierung der Service Kennzahlen (Tag/ Woche/ Monat usw.).

   - Perioden im Monitoring. Inhalt: Service Perioden

4. Klärung des gewünschten Service Supports

   a. Verantwortung und Sanktionen.

   - Sanktionen bei Service Mangeln. Inhalt: Definition, wie das Zutreffen der Bedingungen (als Auslöser einer Konsequenz) eindeutig und objektiv überprüft und geregelt werden kann, um Konflikte zwischen den Partnern zu vermeiden.

   - Formale Konsequenzen bei Abweichungen von Service Levels (Über/ Untererfüllung). Inhalt: Spezifikation formaler Konsequenzen, so dass eine eindeutige und klare Anwendung dieser Bestimmungen möglich ist. Insbesondere ist exakt zu definieren unter welchen Bedingungen eine formale Konsequenz zur Anwendung kommen soll und welcher Art diese Konsequenz ist (exakte Definition von Konsequenzen). Als eine letzte Konsequenz aufgrund einer anhaltenden Verletzung von Service Levels sollte jedes SLA für den Kunden das Recht zu einer außerordentlichen Kündigung einräumen (Sonderkündigungsrecht).

- Konventionalstrafen. Inhalt: Sofern finanzielle Ausgleichzahlungen als Konsequenz vereinbart werden, so sind die Berechnungsweise und die Bemessungsgrundlage dieser Zahlungen zu bestimmen.

b. Servicewiederherstellung.

- Notfallplan. Inhalt: Definition der erforderlichen Maßnahmen zur Wiederherstellung der normalen IT Service Lieferung auf beiden Partnerseiten

- Max. zulässige Zeit für Servicewiederherstellung. Inhalt:

c. Problemeskalation

- Eskalationen in evtl. Streitfällen. Inhalt: Eindeutige Definition für partnerschaftlich abgestimmte Eskalationswege, Definition eines Eskalationsprozesses für jeden möglichen Streitfall.

- Max. mögliche Ausfallzeit. Inhalt: max. akzeptierbare Antwortzeit bei der Eskalation auf unterschiedlicher Ebenen

d. Benutzerhilfe.

- Definition des SPOC (z.B. Help Desk). Inhalt: FAQ Themen für die Sofortproblemlösungen.

- Benutzerhilfeumfang (Verfügbarkeit des Incident- und Problemmanagements). Inhalt: max. zugesagter Umfang der Inanspruchnahme der first/ second/ third Level Support pro Periode.

5.3.2 Vom SLA zu OLA

In Übereinstimmung mit dem Contracting Protokoll wird jede OLA Erstellung erst nach einer primären Klärung eines Kundenwunsches veranlasst. Es kann dabei zwei Fälle geben.

- Im ersten Fall besteht ein IT Service aus standardisierten Subservices, die direkt aus dem Service Katalog stammen. So geht man über den IT Service Katalog und konfiguriert man alle erforderlichen Subservices so, wie es von dem Kunden gewünscht wird. Dieser Ablauf ist vollständig automatisierbar.

- Der zweite Fall tritt dann ein, wenn man einen Subservice benötigt, den man standardmäßig nicht liefert. In diesem Fall muss der IT Service Katalog entsprechend erweitert werden. Die Grundregel der SLA-, OLA- und UC-Definition[81] ist dabei zu berücksichtigen. Nach der Klärung der erforderlichen Subservices mit IT Subservicelieferanten steht die Erweiterung des Service Katalogs fest. Im Weiteren geht man genauso wie im ersten Fall vor.

Werden die SLA Anforderungen auf die Subservices projiziert, so sieht man ihre erforderlichen qualitativen Umfänge. Diese SLR dienen als Grundlage zur Dimensionierung von allen

---

[81] Hier: s. Abb. Grundregel der SLA, OLA und UC Definition

betroffenen Subservices. So vereinbart man vertraglich, dass diese Subservices in Überein-stimmung mit den Kundenanforderungen an jeden zu liefernden IT Service erstellt werden. So entsteht ein OLA Objekt. Die juristischen Elemente, Force Major und Verantwortung bei Sanktionsanwendung müssen in diesem OLA nicht unbedingt geklärt werden, weil diese Regelung normalerweise über die eigene Infrastrukturdefinition und eigenen Wirtschaftsplan erfolgen muss. Wird ein SLA Objektentwurf in ein OLA Transformiert, so tritt der generelle IT Service Lieferant (nach dem SLA) als interner Kunde (in dem OLA) auf. Eine interne Einheit, die den Subservice liefert wird in dem OLA als IT Service Lieferant betrachtet. Bei der OLA Erstellung kann das SLA Definitionsschema benutzt werden (bis auf die Punkte „juristische Elemente", „Force Major", „Verantwortung und Sanktionen").

5.3.3 Vom SLA zu UC

Im Grunde genommen ist das UC Objekt dem SLA Objekt sehr ähnlich. Unterschied besteht nur darin, dass es in den UCs nicht um die Endkundenservices sondern um die Subservices geht. Die Beziehungen des Typs „IT Dienstleister vs. Kunde" bleibt. Vorteilhaft ist dabei, dass die Subservice Lieferanten und ihre Leistungen über den Service Katalog verwaltet werden. So wird eine eigene externe SCM Kette gebildet. Das Schlüsselwort dabei ist „extern". Aus diesem Grund müssen in jedem UC die Juristischen Elemente, Force Major Bedingungen, Verantwortung und formelle Sanktionen eindeutig geklärt werden. Bei der UC Erstellung ist dasselbe Schema wie für die SLAs anwendbar. Bei der Transformation des SLA Entwurfes in den UC tritt der generelle IT Service Lieferant (nach dem SLA) als Kunde auf. Die Fallunter-scheidung der standardisierten und nicht standardisierten Subservices des Service Level Katalogs sieht genauso wie in dem Fall mit OLAs aus. Die nächste Abbildung stellt die erklärten Zusammenhänge zwischen den SLA, OLA und UC Objekten dar.

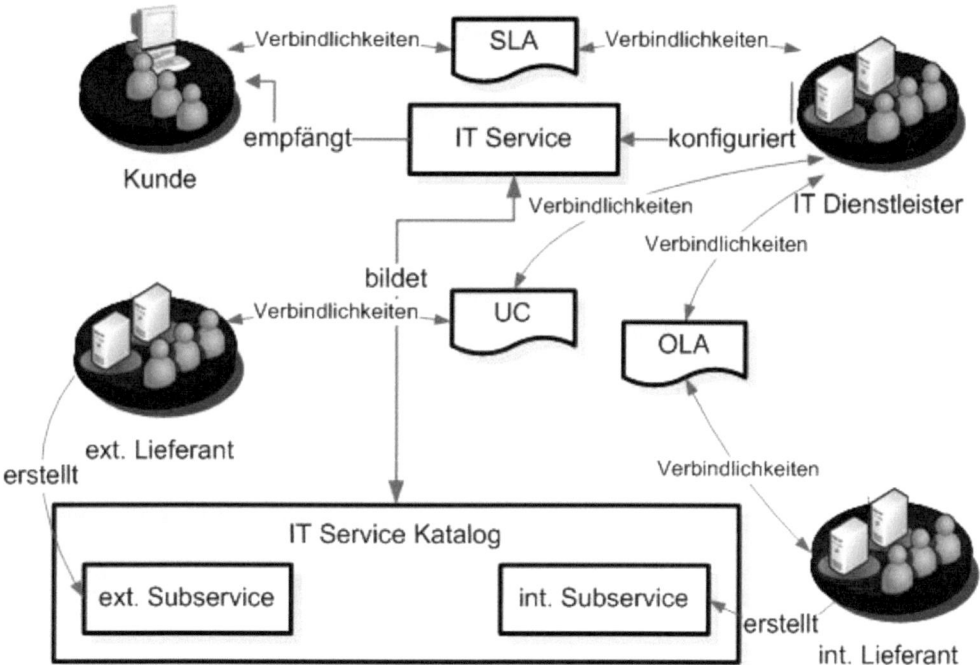

Abbildung 27: Von einem SLA zu OLA und UC

5.4 Problembehandlung und Vertragsimprovement

Nach der Einführung des SLMs und seiner Instrumente beginnt der Qualitätskreis der SLM Vertragsbasis. Das Prozessschema ist in der Abbildung „SLM Verträge in dem SLM Prozess"[82] dargestellt. So werden die SLM Verträge über die zentrale CMDB mit dem SLM Prozess gekoppelt, was zu der Servicestandardisierung und Verbesserung der SLM Vertragsbasis beiträgt.

5.5 IT Service Validierung

Während das Contracting Protokoll läuft und eine verbindliche Verantwortungsübernahme für die IT Service Lieferung noch nicht endgültig zugesagt wurde, muss in vier Schritten entschieden werden, ob diese Servicelieferung kundengerecht erbracht werden kann. Diese Validierung wird von dem BS15000/ ISO20000 empfohlen, um die häufigsten Problemquellen noch vor dem evtl. Beginn einer IT Service Lieferung erörtern und zu können.[83]

- Nach der Klärung des Kundenwunsches muss der erste Schritt der IT Service Validierung erfolgen, wo die folgende Frage mit allen evtl. Unterpunkten positiv beantwortet werden kann: Werden die langfristigen Partnerbeziehungen zu der kontinuierlichen Verbesserung der Unternehmenswirtschaftslage beitragen? Damit wird das „stop-or-go" Problem gelöst.

- Kommt man im ersten Validierungsschritt zum Ergebnis „go", so kommt der nächste Schritt, wo die folgende Frage beantwortet werden muss: Wurden alle relevanten Fragen in der IT Service Supply Kette mit allen betroffenen Subservice Lieferanten geklärt? Die IT Supply Kette wird solange optimiert, bis diese Frage positiv beantwortet werden kann.

- Vor dem dritten Schritt kann man den betroffenen IT Service schon als unter Umständen lieferbaren betrachten. Jedoch bedarf es noch einer weiteren positiven Antwort auf die folgenden Fragen: Sind die vertraglichen Regelungen realistisch genug? Werden die Richtlinien der betroffenen IT Servicelieferung ständig überwacht und validiert? Gibt es klare Anweisungen, wie die evtl. Abweichungen behandelt werden sollen?

- Nach dem dritten Schritt kann man schon ziemlich definitiv sagen, dass sich der betroffene IT Service ausreichend flexibel in Bezug auf seine Service Level Einstufung steuern lässt. Die Frage der Lieferantenzuverlässigkeit bleibt aber noch teilweise im Unklaren. Aus diesem Grund erfolgt der vierte Validierungsschritt, in dem die folgende Frage positiv beantwortet werden muss: Ist eine ausreichende Kompetenz und Zuverlässigkeit in der ganzen IT Service Supply Kette (intern und extern) vorhanden?

Die nächste Abbildung stellt diese Zusammenhänge dar.

---

[82] Hier: s. SLM Verträge in dem SLM Prozess
[83] Hier: s. SLM Probleme in der Praxis

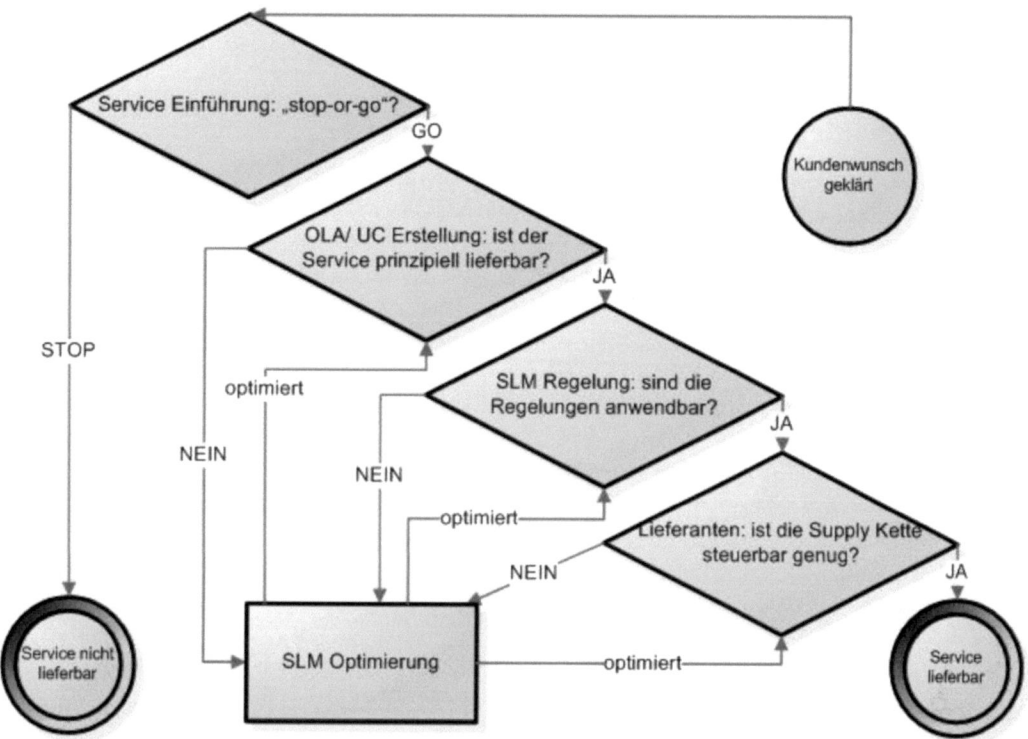

Abbildung 28: IT Service Validierung

Können diese vier Fragen für einen betroffenen IT Service positiv beantwortet werden, so kann man die angeforderte Service Lieferung sicher zusagen. An dieser Stelle werden die SLM Dokumente (SLA, OLA und UC) auf allen Ebenen von allen betroffenen Geschäftspartnern unterschrieben und die IT Service Lieferung beginnt.

6 Zusammenfassung und Ausblick

6.1 Erreichte Ergebnisse

Der Aufbau und Zusammenhang von SLA, OLA und UC sowie ihre Beziehungen untereinander werden in dieser Arbeit praxisorientiert in Form von den SLM Definitionsschemata erklärt. Es wird dabei demonstriert, welche gemeinsame Basis die SLA-, OLA- und UC-Vereinbarungen in der SLM ITIL Umgebung haben. Die Darstellung aller Zusammenhänge zwischen den SLM Vereinbarungen erfolgt mit Berücksichtigung ihrer Einbettung in dem SLM Prozess.

Nach einer detaillierten Untersuchung der Zusammenhänge, Aufbau und Beziehungen zwischen SLA, OLA und UC werden ihre allgemeinen Definitionsschemata vorgeschlagen. Diese Schemata sind allgemein für einen beliebigen IT Service anwendbar. Außer SLA, OLA und UC Steuerungsinstrumenten werden auch die weiteren SLM Objekte und ihre Beteiligung in dem SLM Prozess geklärt.

6.2 Ausblick

Nach der ITIL Struktur bildet das SLM eine zentrale Stelle, wo die IT Organisation mit ihren Kunden in Kontakt tritt. Die SLA-, OLA- und UC-Verträge übernehmen dabei die Funktion der SLM Steuerung. In dieser Arbeit wurden die Definitionsschemata für die SLA, OLA und UC Basis geklärt. Somit lässt sich der SLM Prozess aus der Sicht der Service Level Einhaltung vernünftig steuern. Eine Grundvoraussetzung dabei wäre: die SLM Objekte sind gepflegt, die CMDB und die SLM angrenzenden ITIL Prozesse werden gelebt.

Berücksichtigt werden muss, dass es in dem IT Service Geschäft in der Regel um erklärungsbedürftige Produkte geht, wobei die IT Service Qualität nur nach einer bestimmten Anlaufzeit die Kunden überzeugen kann. Außerdem werden von dem SLM alle Abläufe in der ITIL Basis überwiegend operativ gesteuert. Die SLM Rückkopplung auf die strategische IT Steuerung des SLMs würde in diesem Fall auch gewährleisten, dass der SLM Prozess in Übereinstimmung mit den Unternehmensstrategien alle Geschäftspartner behandelt und die ITIL Basis regelt. Als Konsequenz ergibt sich so eine IT Erfolgsvorausplanung. In erster Linie geht es dabei um eine weitere Optimierung der Kette, in der die IT Services entstehen. Organisationstechnisch kann es über die SLM Vereinbarungen nach den in dieser Arbeit entwickelten Definitionsschemata erfolgen. Wird das SLM strategisch beeinflusst, so müssen auch die neuen SLM Richtlinien als Bemessungsgrundlage erfolgen. Klärungsbedürftig erweist sich in diesem Fall die Frage, wie sich das SLM durch eine regelbasierte Abstimmung auf die BSC Dimensionen optimal auf den Erfolg eines IT Unternehmens ausgerichtet werden kann? Besonders interessant wäre eine Studie zur Ausarbeitung einer regelbasierten Interaktionsbasis, die den SLM ITIL Prozess über die IT BSC steuern lässt. Bis jetzt sieht man in der existierenden ITIL sowie IT BSC Literatur ziemlich wenig Information, wie man die ITIL Prozesse strategisch steuert. Es geht i.d.R. entweder über die IT BSC oder über die ITIL Module und es ist dabei nicht ganz klar, wie man diese Ansätze ineinander integriert. Eine Sache scheint dabei klar zu sein: diese Integration muss über den SLM Prozess erfolgen, wo es mit SLA, OLA und UC gesteuert wird. Löst man dieses Problem in einem konkreten Unternehmen, so kann diese IT Service Organisation auf die Dauer maximal profitabel werden und sich gegen die Konkurrenz sicher durchsetzen.

7 Quellenverzeichnis

Ang2005	Angelico, P., A Professional Seminar by Don Page, the God Father of ITIL, PART1&2, Hong Kong, 29. August 2005
Bas2001	Baschin, A., Die Balanced Scorecard für ihren Information Technologie Bereich, Campus Verlag, Frankfurt, 2001
Ber2005	Berger, T., Konzeption und Management von Service-Level-Agreements für IT-Dienstleistungen, TU Darmstadt, Fachbereich Rechts- und Wirtschaftswissenschaften, 2005
BerManLewSch2003	Bernhard, M., G., Mann, H., Lewandowski, W., Schrey, J., Paxishandbuch Servise-Level-Management, Symposion Publishing, Düsseldorf, 2003
BosCha2004	Bossidy, L., Charan, R., Confronting Reality: Doing What Matters to Get Things Right, Crown Business, Chicago, 2004
Bra2005	Brandt, D., Prozessorientiertes IT-Controlling mit integriertem Reporting/ Oracle Deutschland GmbH, Stuttgart, 11. November 2005, S. 1 - 5
Bro2004	Brosius, G., Data Warehouse und OLAP, Galileo Computing, Bonn, 2004
BroNis2003	Bothe, M., Nissen, V., SAP APO in der Praxis, Vieweg, Wiesbaden, 2003
Buh2003	Bühler, H., Richtiger Umgang mit Service Level Agreements, www.soberano.ch, abgerufen am 28.12.2005
Büh2005	Hansjörg Bühler, Richtiger Umgang mit Service Level Agreements
DeZ2003	De Zitter, P., Introduction to the Service Level Management, . Abgerufen am 29.12.2005.
Drä2001	Dräger, E., Projektmanagement mit SAP R/3: Konzeption und praktischer Einsatz des R/3-Moduls PS, Addison-Wesley, München, 2001
Edl2005	Edlich, S., Persistenz ade. Javamagazin Internet & Enterprise Technology, Ausgabe 10.05, 2005
Els2005	Elsässer, W., ITIL einführen und umsetzen. Leitfaden für effizientes IT Managemen durch Prozessorientierung, Carl Hanser Verlag, München Wien, 2005
eTTM2005	Projekt: eTTM (Enabled Time To Market), Automotive Electronics/P-j eTTM , UBK RM 1.9, Robert Bosch GmbH, Reutlingen 2005
Fel2005	Fell, T., SLA Service Level Agreement. Checkliste Inhalt SLA an alles gedacht?, www.recht-freundlich.de, abgerufen am 30.12.2005

GoeRüd2004   Goebbels, S., Rüdiger, J., Geschäftsprozess-FMEA, Symposion
                  Publishing, Düsseldorf, 2004

GroWei2003   Groff, J.R., Weinberg, P.N., SQL The Complete Reference, Third
                  Edition, McGrawHill, Boston, 2003

HofSch2005   Hofmann P., Schmitt B., IT Service Management - Der Kunde wird
                  König, http://www.connector.de, abgerufen am 5. Dezember 2005

HolFra2005   Holger, G., Frank, V., ITIL - optimierte Organisation von IT-
                  Prozessen, 20. April 2005, S. 1 - 34

Info05   http://www.informit.com/articles/article.asp?p=169102 The CMMI
                  Concept. Abgerufen am 10.01.2005

itSMF2004   itSMF, IT Service Management Eine Einführung basierend auf ITIL,
                  itSMF, 2004

IWT2005   Online ITIL Glossar, ITIL works taxonomy, www. , abgeufen am
                  29.12.2006

Kae2004   Kaeding, N., Rechtliche Gestaltung von Service Level Agreements,
                  Graefe   Rechtsanwälte,   http://graefe-rechtsanwaelte.de/docs/sla-
                  info/itsmf.pdf, abgerufen am 10.01.2006

Kim2005   Kim, S., Potentiale erkennen und ausschöpfen, SAP Magazin
                  Sonderausdruck aus SAP Info 130, September 2005, S. 1 - 4

Kir2005   Kirschmann, D., Wertorientierte Steuerung und Neuausrichtung der
                  Kosten- und Leistungsrechnung, Kommunikationsworkshop WOS
                  NKLR CRIPS, Robert Bosch GmbH, Ditzingen, 2005

KneHäuBau2002   Kneer, H., Häuschen, H., Bauknecht, K., Tradable Service Level
                  Agreements to manage network resources for streaming internet
                  services, abstract, Department of Information Technology, University
                  of Zurich, 2002

KneMar2002   Kneer, H., Marfurt, R., A contracting protocol for managing quality
                  of   service   in   a   multiple   provider   environment,
                  http://whitepapers.zdnet.co.uk/0,39025945,60095612p-
                  39000468q,00.htm, abgerufen am 20.02.2006

Köh2005   Köhler, P., ITIL Das IT-Service Management Framework, Springer
                  Verlag, Berlin Heidelberg, 2005

Köh2006   Köhler, P., PRINCE2 Das Projektmanagement-Framework, Springer
                  Verlag, Berlin Hedelberg, 2006

Küf2004   Küffer, I.C., Projektplanung und Anforderungserstellung
                  in einem V-Modell-Projekt, Diplomarbeit an der TU TU München /
                  TU Kaiserslautern, Fachrichtung

Wirtschaftsinformatik, München/ Kaiserslautern 2004

Mac2002   Macmillan, A., Best Practices, How Major Service Contracts can go wrong, www.ogc.gov.uk, abgerufen am 15.01.2006

Mer2002   Mertens, P., Integrierte Informationsverarbeitung 2 Planungs- und Kontrollsysteme in der Industrie, Gabler, Wiesbaden 2002

Mid2005   Midderhof, R., Die neue Version des V-Modells als Entwicklungsstandard für IT-Systeme der Bundesbehörden, Bonn, 2005

Pas2004   Paschke, A., Regelbasiertes SLA Management. Ein regelbasierter Ansatz zum automatisierten IT Dienstleistungsmanagement, Technischer Report 06/ 2004, TU München, Juli 2005

PasSch2005   Paschke, A., Schnappinger-Gerull, E., A Categorization Scheme for SLA Metrics, Technical Report 9/2005, Technische Universität München, http://ibis.in.tum.de/staff/paschke/rbsla.index.htm, abgerufen am 10.01.2006

Per2005   Perseo Consult, IT Service Management Pocket Cards Best Practices nach ITIL, Perseo, 2005

PWC2002   PriceWaterhouseCoopers, Service Level Agreements, Stuttgart, 15. Oktober 2002, S. 1 - 2

Sch2005   Schmidt, R., IT Service Management, Aalen, 9. August 2005, S. 3

Ser2004   Sert, Y., Potentiale der Multiprojektkoordination im Project System von SAP R/3. Diplomarbeit an der FH-Furtwangen, Fachrichtung Wirtschaftsinformatik, Furtwangen 2004

Spa2005   Spada, M., Optimierung Ihrer ICT dank ITIL/ ICT Referenzprozessmodell basierend auf ITIL, http://www.pulinco.com, abgerufen am 10.01.2006

Sta2002   Stamatis, D. H., Six Sigma & Beyond Foundations of Excellent Performance, SPECIAL ORDER, New York, 2002

Stei2005   Steiner, M., SAP Projekt System Projektmanagement Reporting/ SAP AG for Automotive, Workshop IBU Automotive, 7. September 2005, Feuerbach

Tyur2005   Tyurin, N., Anforderungsanalyse und ETL Prozessrealisierung VFIS-SAP PS innerhalb der Umbrella eEnabeling Plattform, Robert Bosch GmbH, Schwieberdingen Ditzingen, 2005

Ull2005   Ullenboom, C., Java ist auch eine Insel, Galileo Press, Bonn, 2005

Zar2005   Zarnekow, R., Service-orientiertes IT Management, Springer Verlag, Berlin Heidelberg, 2005

8 Stichwortverzeichnis